Dana Horáková

DENKMÄLER IN DEUTSCHLAND

Was alte Steine uns erzählen

Ein Führer
zu den schönsten
Kulturstätten

BASTEI
LÜBBE

BASTEI-LÜBBE-TASCHENBUCH
Band 60430

1. Auflage Juni 1996
2. Auflage Oktober 1996
Originalausgabe
© 1996 by Gustav H. Lübbe GmbH & Co., Verlag GmbH,
Bergisch Gladbach
Printed in Germany
Einbandgestaltung: Roland Winkler
Satz: Bosbach & Siebel Print Media Concept, Lindlar
Druck und Bindung: Clausen & Bosse, Leck
ISBN 3-404-60430-X

Steine gibt's, die speichern Spuren. Tränen, Flüche, Zukunftsvisionen. Steine, die unsere Ahnen in den Händen hielten. Steine, aus denen sie einst Burgen, Kathedralen und Klöster an Orten errichteten, die meist ein Wünschelrutengänger festlegte. Bauwerke, die Kriegswirren und Familienfehden überstanden haben. Denkmäler.

Dieses Buch soll kein Ersatz für ausführliche umfangreiche Kunst- und Geschichtsführer sein. Kann es ja gar nicht. Es soll Sie lediglich auf Dreh- und Angelpunkte deutscher Geschichte aufmerksam machen, Sie hinführen zu einigen jener Denkmäler, die dieses Land so schön machen.

Inhalt

Der Kaiserdom zu Aachen

Und in der Schatzkammer – die Windeln Jesu

Es gibt Orte, die dem Himmel näher sind als andere. Magische Orte. Von Menschen erbaut – doch von wem geplant? Orte wie die Pfalzkapelle im Aachener Dom. Achteckig, 33 Meter hoch, 798 fertiggestellt. Im Auftrag von Karl dem Großen.

Es gibt Experten, die glauben, daß der Kaiser hier weit mehr als einen Ort der Andacht entstehen ließ. Sie sagen: Diese Kapelle ist ein gigantischer Kalender aus Stein, eine astronomische Uhr. Und wer damals, zu Karls Zeiten, die Zeit beherrschte, konnte die Welt regieren.

Kaiser Karl hatte die Zeit im Griff: Seine Gefolgsleute und Diener konnten zum Beispiel das genaue Datum des Osterfestes und damit den Ablauf des Restjahres berechnen. Man *sieht* ihr Wissen heute noch: Am Tag der Sommersonnenwende treffen die einfallenden Sonnenstrahlen Karls marmornen Kaiserstuhl. Am Tag der Winterwende treffen sie das Symbol Christi. Und außerdem: Der Grundriß und der Durchmesser der Kapelle gleichen Grundriß und Durchmesser der heidnischen Sonnenkultstätte in Stonehenge.

Nur ein Zufall? Ausgeschlossen. Nicht bei einem Mann wie Karl (747–814).

Er war viermal verheiratet, zeugte elf eheliche und sieben uneheliche Kinder. Ein Eroberer, Kulturmäzen und ab dem 25. Dezember 800 der erste Kaiser Europas seit dem Untergang des römischen Reiches (467). Seine Politik, seine Visionen machten ihn zum geistigen Paten unseres Kontinents. Er verband als erster seinen christlichen Glauben mit der antiken Wissenschaft und dem germanischen Gedankengut. Und er nahm sich, was er brauchte. Mit einer Kühnheit, die übermenschlich wirkt.

Aber, unter allem Wissensdrang, galt seine größte Liebe der Astronomie, schreibt Karls Chronist Einhardt in seiner *Vita Caroli Magni* (Das Leben Karls des Großen). Außerdem: Karls engste Freunde waren Iren, sein Chefberater Alkuin ein Angelsachse und Astronom! Sie kannten Stonehenge! Sind beide Orte verschlüsselte Botschaften aus Stein? Kam Karls Weitblick von den Sternen?

Die Germanen liebten Städte nicht. Karl jedoch war entschlossen, seinem Reich ein Regierungszentrum zu geben. Seinen Entschluß verkündete er (vermutlich) im Juni 787: Da »kam dieser milde König nach Worms zu seiner Gemahlin, der Königin Fastrada, wo sie sich miteinander freuten und ergötzten und Gottes Erbarmen priesen… (und verriet seinen Zuhörern) wie alles auf seinem Zuge vor sich ging«, so berichten die Reichsannalen. Er entschied sich für Aachen, weil es im Kerngebiet des Karolingerreiches lag; von reichen Jagdrevieren umgeben war und die wärmsten Quellen Europas hatte.

Es gibt Chroniken, die berichten, daß Karl die Pfalzkapelle *propria dispositione* (d. h. nach eigenen Plänen) errichten ließ. Und wo? An einem Ort, an dem müde Krieger in brodelnden, heißen und nicht gerade wohlduftenden Quellen ihre Wunden heilten. Im ehemaligen Erholungszentrum der römischen Legionen, das um das Jahr 100 zur großzügigen Militär-Badeanlage ausgebaut worden war. Es war ein Ort mit typisch römischem Straßennetz: rechteckig, gradlinig. Übrigens hatten schon die Kelten einst an diesem Ort ihren Wassergott verehrt. Und Karls Vater Pippin (714–768) hatte das Gelände mit einer kleinen Kapelle zu einem Landgut ausgebaut.

768 beginnen die Bauarbeiten. Als erstes läßt Karl den Altar um 38 Grad genau in die West-Ost-Achse wenden. Nur: Es reicht nicht, lediglich den Altar zu wenden. Das ganze Baugelände wird neu abgesteckt.

Die Römer bauten symmetrisch. In Quadraten. Karls Pfalz stellt sich rücksichtslos quer und schräg zwischen die Römerstraßen. Obwohl sich die römischen Straßen besser, ja ideal in die Geländestruktur einfügen. (Die Luftaufnahmen bestätigen heute noch Karls architektonischen »Eigensinn«!)

Er baut also wider die Natur, dafür nach einem wohldurchdachten Zahlengefüge. Denn: Nur »eine gute Zahl« ergibt einen guten Bau. Seine Kapelle ist ein »guter Bau«: 144 Fuß – also 12 mal 12 Latten – lang (damals wurde in »Fuß« und »Latten« gemessen). Zwölf ist die heilige Zahl der Stadt der Apokalypse und zugleich das Zeitmaß der Engel. Übrigens: Die Zahl 144 kommt noch einmal vor. Jede Seite des Achtecks mißt $8 \times 8 = 144$ Meter. Alle anderen Maße sind durch zwölf teilbar.

In dieser Kapelle steht Karls Thronsitz. Und sie soll seine Reliquiensammlung bergen, jene Schätze, die heute in der Schatzkammer zu sehen sind.

Am 28. Januar 814 stirbt der Kaiser. Noch am gleichen Tag wird er in seiner Kapelle beigesetzt. In einem »Second-hand«-Sarkophag, der über 600 Jahre alt ist und von einem Römerfriedhof stammt. Damit wird der Sakralbau zu einer Begräbnisstätte und Karl zum Idol seiner Nachfolger. Sie lassen sich künftig – ihm zu Ehren – hier krönen. Als erster Otto I. im Jahre 936. Es folgen 30 deutsche Könige und Königinnen.

Was hier sonst noch passierte? Kaiser Otto III. verschenkt im Jahr 1000 einige von Karls Gebeinen als Reliquien. Friedrich I. Barbarossa läßt Karl vor Ort am 29. Dezember 1165 heiligsprechen und die übrigen Knochen in eine Eichenkiste umbetten. Seit 1200 pilgern aus ganz Europa fromme Christen zu Karls Grab, der Dom wird für sie ausgebaut.

Ab 1349 wird bei den »Aachen-Fahrten« das Kostbarste gezeigt, was eine Kirche nördlich der Alpen zu bieten hat. Biblische Textreliquien: die Windeln Jesu, das Kleid der Gottesmutter, das Enthauptungstuch des hl. Johannes, das Lendentuch, das Jesus am Kreuz trug. Allerdings nur alle sieben Jahre, 14 Tage lang. Der nächste Termin: Juni 2000. Erwartet werden rund 250 000 Besucher.

Um 1802 wird der Dom – auf Wunsch Napoleons – zur Mutterkirche eines großen Bistums erhoben. Aber sobald Napoleon geschlagen ist und Aachen zu Preußen kommt, wird das Bistum wieder aufgelöst.

1930 ruft man das zweite Aachener Bistum ins Leben. Damit wird der Dom Kathedrale des Bischofs von Aachen – und das ist er noch heute.

Was ist noch im Originalzustand?

Karls Marmorthron im Obergeschoß des Doms. 20

Säulen, vier Bronzetüren und acht Bronzegitter (um 800). Die goldene Altartafel (um 1000), der Barbarossa-Radleuchter (Durchmesser 4,20 Meter, entstanden 1165), die bunten Fenster im Glashaus (1414).

Und alle Exponate in der Schatzkammer. Sie beherbergt den bedeutendsten Kirchenschatz nördlich der Alpen. Schon der Maler Albrecht Dürer berichtete begeistert: »Da hab ich gesehen alle herrlichen Köstlichkeiten, des gleichen keiner, der bei uns lebt, köstlicher Dinge gesehen hat.« Er besuchte Aachen 1525.

Heinrich Heine hingegen war weder von der Stadt noch vom Dom besonders angetan: »Zu Aachen langweilen sich auf der Straß' die Hunde, sie flehn untertänig: Gib uns einen Fußtritt, o Fremdling, das wird vielleicht uns zerstreuen ein wenig.« So steht's in seinem Buch *Deutschland, ein Wintermärchen*.

Besichtigungstips:

• In der Kapelle nach oben schauen, zum Gewölbe. Es ist achteckig, vergoldet, in 33 Metern Höhe.
• In den Andenkenläden gibt es Uhren mit Originalgestein des Doms (ab 80 Mark), Dom-Malbücher für Kinder (kostenfrei, wer will, kann spenden). Der Erlös wird für die Erhaltung des Bauwerks verwandt.
• Die Gottesdienste finden täglich um 7, 8 und 10 Uhr statt; am Sonntag um 10 Uhr wird das Hochamt mit dem ältesten Knabenchor der Welt zelebriert.

Mehr Infos: 0241/4770942.

Die Fuggerei in Augsburg

Früher war hier der Mittelpunkt der Welt

Abends um zehn Uhr werden die vier Stadttore geschlossen, »um den himmlischen Frieden zu hegen«. Das ist seit rund 475 Jahren so. Wer danach noch nach Hause will, muß den Nachtwächter wachklingeln. Das kostet 50 Pfennig. Nach Mitternacht eine Mark.

Die Fuggerei in Augsburg, ein Städtchen in einer Stadt, umgeben von Mauern. Einstöckige efeubewachsene Häuser, keine Autos, keine Kneipen, keine Supermärkte. Maisgelbe Fassaden, grüne Fensterläden. An den Toren und den meisten Häusern findet man ein Wappen. Das Familienwappen der Fugger: blaue Lilie auf goldenem und goldene Lilie auf blauem Grund. Die Wohnhäuser sind übrigens seit 1519 mit gotischen Zahlen numeriert. Es waren die ersten Hausnummern in Augsburg.

Geht man durch eines Tore, wird es still. So still, daß man automatisch zu flüstern beginnt. Und doch wohnen hier Menschen. Bescheiden, zufrieden. Bis an ihr Lebensende. Und viele Touristen wünschen sich nichts so sehr, als auch hier leben zu dürfen – in der ersten Sozialsiedlung der Welt. Privat finanziert, vom ersten Tag an. Nächstenliebe, hautnah. Konkret.

Warum gab Jakob Fugger so viel Geld für diese Siedlung aus? Weil er teilen wollte. Und – O-Ton Fugger – »voll inniger Dankbarkeit für die vom Herrgott empfangenen Güter« war.

Seit wann gibt es die Fuggerei? Die ersten 52 Häuser wurden zwischen 1516 und 1523 errichtet. Alle gleich (eine überraschend moderne Bauweise!): drei Zimmer, 60 Quadratmeter Wohnfläche. Zu der Erdgeschoßwohnung gehört ein Gärtchen, zur Wohnung im ersten Stock die Dachkammer. Auch das »Zubehör« (Möbel, Küchengeräte) gab's umsonst.

Wer hier lebt, muß täglich für die Seelenruhe des Stifters Jakob Fugger beten: das Vaterunser, Ave Maria, Credo und Ehre sei dem Vater. Ein Gebot aus einer Zeit, als man noch an die Macht der Gebete glaubte, als man hoffte, sie würden die Tür zum Himmelreich öffnen. Einst traf man sich zum Gebet in der Fuggerkirche St. Markus, heute kann die tägliche Gegengabe auch daheim verrichtet werden (kontrollieren tut's keiner).

Wer war Jakob Fugger, genannt der Reiche (1459–1525)? Seinerzeit der reichste Mann der Welt, seine »Goldene Schreibstube« die Wall Street von damals. Fromm, dreist, genial. Er ließ sich und seine Familie von Albrecht Dürer, Tizian, Bellini und Hans Holbein porträtieren. Seine Geschäftspartner und Gäste bewirtete er mit Augsburger Spezialitäten: saurer Brotsuppe, gewürzt mit Zimt; mit Würsten, umwickelt mit Spinat. Sein Großvater war ein armer Weber, sein Vater verarbeitete die aus Ägypten kommende Baumwolle mit deutschem Leinen – und wurde reich. Er selbst machte ein Vermögen im Edelmetallgeschäft; er besaß Bergwerke in Spanien, Ungarn und Tirol sowie Handelsniederlassungen in der ganzen Welt; er produzierte Waffen, korrumpierte Päpste, finanzierte Könige. 1514 wurde er zum Reichsgrafen geadelt.

Was hier sonst noch geschah? Nicht viel. Im »Holzhaus« heilte man mehr oder weniger erfolgreich die Syphilis, die sich um 1530 rasch verbreitete, und zwar mit Extrakten aus Guajakholz (indianisch) aus Amerika. Äußerlich sah das Krankenhaus genau so aus wie die übrigen Reihenhäuser. Doch im Obergeschoß wurden die Trennwände entfernt, zwei »große« Säle eingerichtet, in denen man bis zu neun Patienten unterbringen konnte. Gepflegt wurden sie von einem kinderlosen Ehepaar, genannt »Holzvater« und »Holzmutter«.

Die Holzkur dauerte in der Regel zwei Monate und wurde nur zwischen März und November durchgeführt. Man kochte das Holz mit Wasser, Wein oder Essig und reichte den Absud den Patienten als Getränk oder als »Schwitzwasser«. Oder man verbrannte das exotische Holz und ließ den beißenden Rauch durchs Krankenzimmer ziehen. Anschließend gab's mancherlei Salben und Kräuter, das Allheilmittel Aderlaß, Lehmwasser und Pfefferbäder. Nicht wenige Patienten überlebten diese Roßkur nicht. Andererseits wurde so mancher Todkranke geheilt. Starb ein Familienvater, sorgten die Fugger für die hinterbliebenen Kinder bis zu deren Mündigkeit.

In der Nacht vom 24. auf den 25. Februar 1944 wurde die Siedlung zerbombt und nach dem Krieg wiederaufgebaut.

Zustand heute? Restauriert, saniert (TV-Anschluß, Badezimmer), gepflegt. Das Geld der Stiftung stammt übrigens zu 30 Prozent aus der Landwirtschaft, zu 70 Prozent aus dem Holzverkauf (da Holz früher wertvoller als das unsichere Geld gewesen ist); doch wenn der Wald stirbt, sinken die Einnahmen.

Was ist noch im Originalzustand? Haus 13 in der Mittleren Gasse (als Museum eingerichtet): der Flur eingelassen mit Ochsenblut (!), niedrige Decken, offener Herd und in der Küche der »Toiletten-Stuhl« (der Behälter wurde nachts im Flüßchen Lauterlech entleert). Und die lateinische Stiftungsinschrift über den drei Toren der Fuggerei von 1519. Hier die deutsche Übersetzung: »Die Brüder Ulrich, Georg und Jakob Fugger von Augsburg haben zum Heil ihrer Stadt und voll inniger Dankbarkeit für die vom Herrgott empfangenen Güter aus Andacht und hochherziger Freigebigkeit zum Vorbild 106 Behausungen mit allem Zubehör ihren fleißigen, doch armen Mitbürgern gestiftet, gewidmet und geweiht.«

Besichtigungstips:

• Die St.-Markus-Kirche am Ende der Herrengasse. Ein Gotteshaus hatte Jakob Fugger in der Stiftung nicht vorgesehen. Aber um 1581/82 sahen sich seine Erben gezwungen, eine Kirche zu bauen. Der Grund? Augsburgs Bürgerschaft wurde zunehmend protestantisch und machte es den Fuggereibewohnern unmöglich, täglich für das Seelenheil ihres Stifters in der Pfarrkirche St. Jakob zu beten.
• Und – ganz wichtig – das Haus Nr. 14. Eine Tafel klärt über den einstigen Bewohner auf: »In diesem Haus wohnte von 1681 bis 1693 Franz Mozart. Dieser Bürger der Fuggerei schenkte mit seinem Urenkel

W. A. Mozart der Menschheit den größten Tonschöpfer aus schwäbischem Stamm.« Der Maurer war bei seiner Aufnahme kaum 30 Jahre alt und doch schon in bitterste Not geraten, weil er die Leiche eines Scharfrichterknechtes begraben hatte. Mit dieser nach damaligen Begriffen »unehrbaren Tat« verstieß er gegen die guten Sitten, erhielt keine Arbeitsaufträge mehr und verarmte bald. Er starb in diesem Haus, erst 45 Jahre alt.

Ob Wolfgang Amadeus (1756–1791) persönlich einmal die Fuggerei besuchte, wissen wir nicht. In seine Augsburger Cousine Marianne Thekla war er jedenfalls bis über beide Ohren verliebt. Er lernte sie 1763 kennen, als er mit Vater Leopold für mehrere Wochen in der Augsburger Fürstenherberge »Drei Mohren« abstieg, und nannte sie »das allerliebste Bäsle Häsle«. Sogar seine Briefe an die Hübsche sprühen vor nackter Lust (und Fäkalsprache): »Jetzt wünsch ich eine gute nacht, scheisen sie ins bett, dass es kracht, schlafens gesund, reckens den arsch zum mund.« Ganz schön frivol, der Göttliche!

• Und: Schauen Sie doch einmal auf die Sonnenuhr am Kirchturm. Drei Worte stehen da: »Nütze die Zeit«. Apostel Paulus schrieb sie, Jakob Fugger, der Reiche lebte sie.

Das schönste Familienfoto gelingt am Brunnen.

Mehr Infos: 08 21/50 20 70.

Der Bamberger Dom

Das Geheimnis des reitenden Jünglings

In manchen Kirchen und Kathedralen bekommt man Herzklopfen und müde Augen. Weil sie zu überladen sind, zu pompös. Und nach einer Weile verschwinden sie aus dem überfrachteten Gedächtnis.

Der Bamberger Dom bleibt, für immer. Weil er dasteht. Der Reiter. Überlebensgroß. Er hat sein Pferd soeben zum Stehen gebracht. Mit der linken Hand hält er locker die Zügel, die rechte spielt mit seiner Mantelspange. Ein bißchen nervös ist er schon, der junge Ritter. Stramm, glattrasiert. Aber vor allem unnahbar (und das macht ihn so erotisch!). Er blickt spähend hinüber zum Kreuzaltar im Westen der Kirche, als würde er jemanden suchen. Seine heimliche Geliebte? Einen Verbündeten, einen Freund? Gott? Wir wissen es nicht. Aber eines steht fest: Er ist der berühmteste Reiter Deutschlands. Ein Pferd in einer Kirche. Und nicht einmal auf dem Boden, sondern auf einem fast sechs Meter hohen Sockel.

Wieso? Wer ist denn dieser Reiter?

Nicht einmal das wissen wir, denn ihm fehlen alle Attribute, alle Merkmale, die uns helfen könnten, ihn zu identifizieren. Trägt ein Riese eine Knaben auf der Schulter über einen reißenden Strom, ist das Christophorus mit dem Jesuskind. Steigt eine junge nackte Dame munter aus dem Bad, kann das nur Bathseba sein, eine verheiratete Frau, die von König David so sehr begehrt wird, daß er ihren Mann in den Tod schickt (anschließend gebiert sie ihm Salomon). Ein Mädchen, das einen enthaupteten Männerkopf auf einem Tablett präsentiert, muß Salome sein. Und ein bärtiger Mann mit dem Kopf nach unten an ein Kreuz geschlagen, das ist der Apostel Petrus.

Dieser Reiter gibt seine Identität so einfach nicht preis. Und dabei muß es ein Herr von hoher Geburt gewesen sein, denn diese anmutige Würde, dieser souveräne Stolz, den seine Haltung ausstrahlt – das kann man nicht lernen, das muß angeboren sein. Und außerdem – wäre er nicht eine bedeutende Persönlichkeit, hätte man ihn hier gar nicht erst aufgestellt.

Andererseits – ist es denn nicht egal, wer der Reiter ist? Nein, nein. Da sind wir schlicht zu neugierig, um es nicht wirklich wissen zu wollen.

Also: Hier die Liste der Kandidaten, ermittelt durch Dutzende von Kunsthistorikern im Laufe der Zeit:

Er ist einer der Heiligen Drei Könige. Nur: Er trägt keine Gaben für das Jesuskind. Ohne Gaben – kein König.

Er ist ein mutiger Drachentöter. Nur: Wo bleibt der Drache? Und außerdem gehört der Drache zum hl. Georg.

Oder ist er der sächsische Kaiser Heinrich II. (973 – 1024), der diesen Dom – kaum 29 Jahre alt – erbauen ließ? Ein Ehrendenkmal also? Falsch. Heinrich trug nach seiner Krönung einen prächtigen Bart und eine kaiserliche Krone. Die Krone, die dieser Reiter trägt, ist ganz eindeutig »nur« die Krone eines Königs.

Der nächste Kandidat: Konstantin der Große (285 – 337), der Kaiser, der das Christentum als Religion anerkannte. Er schenkte seinerzeit dem Papst zum Zeichen seiner Ergebenheit einen Schimmel. Und die frommen Bamberger haben diese Schenkung wiederholt, schickten jährlich ein weißes Pferd nach Rom. Interessant! Nur: Das Pferd, auf dem der Schöne sitzt, war ein rotbrauner Fuchs.

Woher wir das wissen? Weil die Skulptur einst bemalt war. (Was uns heute erstaunen mag, im Mittelalter aber ganz selbstverständlich gewesen ist: Die Heiligenfiguren in einer Kirche sollten natürlich wirken, lebensecht, nicht wie leblose, blasse Abbilder himmlischer Heerscharen!)

Und noch eine Möglichkeit: König Stephan von Ungarn (975 – 1038). Ein wilder, schöner Mann. Warum nicht – aber wie kommt der nach Bamberg? Ganz einfach, er war mit Heinrichs Schwester Gisela verheiratet. War dieser Ungar aber nicht ein Barbar? Bei seiner Ankunft sicher. Doch dann ließ er sich taufen, wurde Christ, kehrte heim, führte sein Volk der Kirche zu und wurde für seine Verdienste um den Glauben 1146 vom Vatikan heiliggesprochen. Und der steinerne Baldachin über dem Kopf unseres Reiters (so viel ist sicher) steht nur einem Heiligen zu.

Der Baldachin war blau, der Sockel grün, das Gewand des Jünglings rot, sein Mantel nachtblau mit goldenen Sternen. Seine Augen blau, sein Haar blond.

Blond? Dann kann es kein Stephan sein, weil alle Ungarn schwarzhaarig sind. Oder? Ja, was denn nun – ist es Stephan?

Zuerst Fakten, dann die Antwort: Zur Entstehungszeit des Reiterstandbilds war Gertrud, die Schwester des Bischofs Ekbert, mit dem Ungarnkönig Andreas verheiratet; der Bischof selbst lebte einige Zeit am ungarischen Hof im Exil; das Bistum Bamberg besaß (sehr früh schon) Reliquien des heiligen Stephan. Bereits im Jahr seiner Heiligsprechung wird er in einem Bamberger Kalender als »Stephanus rex« genannt – ein äußerst populärer, verehrungs- und anbetungswürdiger Mann also. Aber selbst ein solcher »Publikumsliebling« braucht eine mächtige Seilschaft, die seine Popularität aufrechterhält.

Mit dem Aussterben des Hauses Andechs-Meranien, aus dem der Bischof Ekbert stammte (der wiederum seine Macht auf seine Beziehungen zu Ungarn stützte), ist Stephan out, vergessen.

Ist er's nun oder nicht? Ganz ehrlich, wir wissen es nicht. Bis heute nicht. Wir wissen nicht einmal, welcher geniale Künstler ihn geschaffen hat. Aus heimischem grau-grünen Schilfsandstein. 2,33 Meter groß. Ein Stein, der atmet.

Wo steht der Bamberger Dom? In Bayern, rund 80 Kilometer nördlich von Nürnberg, an der ehemaligen Ostgrenze des Reiches. Eingebettet in eine romantische, malerische Altstadt, die unversehrt den Zweiten Weltkrieg überstanden hat: Rathaus (14. Jahrhundert), barocker Torturm, Patrizierhäuser, Kopfsteinpflaster, enge Gäßchen.

Seit wann? Er wurde 1215 – 1237 erbaut, und zwar auf dem Grundriß eines alten Doms, eine romanische Basilika. Schlank, nach oben strebend. Vier Türme, drei Schiffe, viele Portale.

Besichtigungstips:

• Viel Zeit muß man sich für die Gnadenpforte nehmen, das Hochgrabmal Heinrichs II. und seiner Gemahlin Kunigunde. Für die Schatzkammer mit Kunigundes Gewand, Heinrichs Kaisermänteln und sogar seinem Schädel (!): gefaßt in Gold, umrahmt von Sonnenstrahlen aus Gold.

• Ganz wichtig: Adam und Eva, beide nackt. Die ersten plastischen Akte des Mittelalters. Einst zierten sie die Adamspforte, heute findet man sie im Diözesanmuseum (Domplatz 5).

• Der Eintritt ist frei. Für Führungen (mit höchstens 35 Personen) muß man rund 35 Mark zahlen.

Mehr Infos: 09 51/87 11 51.

Das Brandenburger Tor in Berlin

Symbol der deutschen Geschichte

Kein deutsches Denkmal hat das Schicksal der Deutschen so geteilt, wie das Brandenburger Tor. Das bedeutendste Werk des deutschen Klassizismus, ein Nationaldenkmal. Als »Tor des Friedens« konzipiert, zum Siegestor uminterpretiert. 20 Meter hoch, 65 Meter breit, elf Meter tief. Von den fünf Durchgängen war der mittlere, der breiteste, früher für die Equipagen des Hofes reserviert. Preußens Soldaten zogen hier durch, Napoleons Armee, Hitlers braune Truppen im Fackelzug, demonstrierende Arbeitermassen. Heute fahren dort Busse und Taxis, bummeln Passanten, Touristen. Es ist übrigens das einzige von ehemals 18 Berliner Stadttoren, das die Zeiten »überlebt« hat.

Ein Denkmal, das klarmacht, daß der Zweite Weltkrieg durch die Kapitulation Deutschlands 1945 zwar zu Ende war – die Folgen aber noch lange nicht überstanden. Kalter Krieg. Zwei deutsche Staaten. Mauerbau. 45 Jahre später, 1990, ziehen die Besatzungsmächte ab, können die Deutschen hier ihre Wiedervereinigung feiern. Erst jetzt ist dieser Krieg wirklich vorbei.

Wo steht es? Im Herzen Berlins. Es teilt die Straße des 17. Juni und Unter den Linden. Wie ein Scharnier zwischen West- und Osteuropa.

Seit wann? Seit 1734. Damals hieß es noch Thiergartentor. Brandenburger Tor wurde es erstmals um 1760 genannt.

Am 5. Mai 1788 begann man mit dem Abbruch der alten Toranlage, stellte am 16. August 1789 das Modell des neuen Tors in der königlichen Akademie der Künste vor. Am 15. August 1790 war der Rohbau fertig, am 6. August 1791 das Tor vollendet. Der flinke Baumeister hieß Carl Gotthard Langhans (1732–1808). Eine feierliche Einweihung fand dennoch nicht statt: König Friedrich Wilhelm II. (1744–1797) verweigerte seinem Architekten eine offizielle Eröffnung. Er war beleidigt. Weil der Bau doch länger gedauert hatte als geplant. Aber vor allem, weil es immer noch eingerüstet war, und ihn jedesmal, wenn er von Berlin nach Potsdam oder zurück fahren mußte, das Gerüst aufs neue empörte!

Also fingen am 6. August 1791 die Fußgänger und die Zöllner einfach an, das Tor zu benutzen. Erst zwei Jahrhunderte später wurde es mit einem richtigen Festakt wirklich eingeweiht. Nach der Restaurierung, am 6. August 1991.

Was hier sonst noch passierte? Seit 1793 krönt das Tor die Quadriga – ein Viergespann aus Kupfer von Gottfried Schadow (1764–1850). Die Göttin, die es lenkt, muß äußerst geschickt sein, denn sie lenkt es nur mit der linken Hand. In der Rechten hält sie ein Banner, mit dem es von Anfang an Probleme gab. Weil Schadow es versäumt hatte, dieses Banner endgültig zu gestalten. Vermutlich, weil er – ein großer Kenner und Verehrer der antiken Kunst – dieses Banner einfach blöd und absurd fand: Römische Quadriga-Lenker hielten die Zügel ihrer Pferde immer mit *beiden* Händen.

Nur – sein Auftrag lautete nun einmal: Eine Hand bleibt frei für ein Banner. Ein Auftrag, der historisch falsch war, staatssymbolisch verhängnisvoll und kunstgeschichtlich gesehen – ein Krimi. Denn dieses Banner begleitete Preußen auf dem Weg zur deutschen Einheit.

Zuerst legte Schadow der Göttin einen dünnen Speer in die Hand. Langhans, der Auftraggeber, verlangte einen anderen. Schadow lieferte eine Stange, auf die ein Brustpanzer und ein Helm gesteckt wurden. Das verspotteten die Berliner: »Laterne, Maikäfer!« Beim dritten Versuch bestückte er die Panierstange mit einem Kranz, einer Namenstafel und dem römischen Adler (übrigens ist keine dieser Fassungen erhalten geblieben).

Kaiser Napoleon verschleppte die Quadriga als Trophäe nach Paris, dort blieb sie von 1807 bis 1814, kam nach Napoleons Niederlage im Triumphzug zurück: Aus der Friedensgöttin wurde die Siegesgöttin.

Und nun beauftragte Friedrich Wilhelm III. seinen Baumeister Karl Friedrich Schinkel (1781–1841), »der Figur etwas mehr Bezughabendes auf die jetzigen Zeitereignisse in die Hand zu geben.« Irgendwas Modernes. Also bekam sie von Schinkel den Preußenadler und einen Eichenkranz, der das Eiserne Kreuz umschließt. Das Eiserne Kreuz galt damals als Ehrenzeichen für Soldaten eines Freiwilligenheeres, die für ihr Vaterland in den Krieg gingen. Den negativen Beigeschmack erhielt es erst durch die beiden Weltkriege…

1942 schuf man Gipsnegative der Quadriga (was sich später als ein Glücksfall erweist). Am 8. Mai 1945 entstand jenes Foto, das die Quadriga endgültig weltberühmt machte. Über den Trümmern Berlins hissen sowjetische Soldaten an der Quadriga die Flagge der Roten Armee. Deutschland kapituliert. Das Tor steht, die Quadriga wird zerschossen. Was von ihr blieb? Zwei Pferdeköpfe.

Die Nachkriegszeit. Gefragt ist eine neue Symbolik. Hans Scharoun (1893–1972), der später die Berliner Philharmonie baut, empfiehlt eine Gruppe von Arbeitern mit einer Mutter und einem vergoldeten Kind (in der Mitte). Andere plädieren für Picassos Friedenstaube.

Am 1. Mai 1950 werden in einer Geheimaktion die Reste der Quadriga zersägt und vom Tor hinuntergeworfen. An ihrer Stelle weht jetzt eine rote Fahne. Der Volksaufstand vom 17. Juni 1953: Die rote Fahne wird durch eine schwarz-rot-goldene ersetzt.

Wem gehört das Tor jetzt? Rein juristisch gehört es zum Stadtbezirk Mitte, also der DDR. Im Rahmen eines »Plans zur Verschönerung des demokratischen Berlin« von 1958 beschließt das SED-Politbüro, das Brandenburger Tor und die Quadriga wiederherzustellen. Der Osten kümmert sich um die Bauarbeiten, der Westen um die Kopie des Kupfergespanns. Das Gipsmodell von 1942 hat den Krieg unbeschadet überstanden. Am 2. August 1958 wird die fertige Quadriga auf dem Pariser Platz abgeliefert. In der Nacht zum 3. August verschwindet sie – die Parteiführung hat die Quadriga sicherstellen lassen.

Der Grund? Das Banner der Friedensgöttin. Der Westen verzierte es (originalgetreu) mit den »Emblemen des preußisch-deutschen Militarismus«, sprich mit dem Preußenadler (Pleitegeier genannt) und dem Eisernen Kreuz. Das unerwünschte Zubehör wird entfernt, dann darf die Quadriga wieder aufs Tor. Und neben ihr wird die »rote Fahne des Sozialismus« und »die schwarzrotgoldene Fahne der DDR« gehißt.

1961 wird das Tor zugemauert – und damit endgültig zum Nationaldenkmal.

Im nationalen Taumel in der Silvesternacht 1989 stürmen über 500 junge Leute das Tor – das Zaumzeug der Pferde bricht ab, die Lorbeerblätter werden der Göttin vom Kopf gerissen, Dellen in die Kupferhaut der Pferde gehauen.

Seit der Wende trägt die Göttin auf ihrem Banner einen preußischen Adler, der in den Krallen einen Lorbeerkranz hält.

»Die gute Frau«, schrieb Heinrich Heine 1822, »hat auch ihre Schicksale gehabt.« Man sieht's ihr nicht an, der mutigen Wagenlenkerin.

Was ist noch im Originalzustand? Grundriß, die Mauern. Die Steinteile, die in den letzten Kriegstagen weggeschossen wurden, sind durch neue ersetzt (heller als die alten).

Besichtigungstips:

• Die 32 Reliefs unterhalb der Attika des Tores genauer anschauen. Sie zeigen allegorische Kampfszenen sowie den »Zug des Friedens« – und hier ist zu erkennen, wie man damals den Frieden verstanden hat: als eine Sache der Frauen und Kinder. Der Frieden ist eine Göttin, ihr Viergespann wird von kleinen Engeln, von Putti, gezogen.

• Nicht übersehen: die beiden unauffälligen einstöckigen, säulenummantelten Häuschen neben dem Tor –

denn auch sie sind ein Werk des Torarchitekten Carl Gotthard Langhans.

• Am linken Torhaus ist eine Informationsstelle untergebracht. Dort gibt's kostenlos kleine Prospekte mit Infos über das Tor und den Pariser Platz. Im rechten finden Sie einen »Raum der Stille«. Schlicht, still. Eine Einrichtung des »Förderkreises Raum der Stille in Berlin e.V.«, der an die ursprüngliche Bestimmung des Tores als Friedenstor anknüpfen möchte. Es heißt: »In diesem Raum sind Menschen – gleich welcher Herkunft, Religion und Weltanschauung – eingeladen, um mitten in der Hektik der Großstadt für eine Weile still zu werden und sich besinnen zu können.« Frei nach einem Gedicht von Rainer Kunze: »Treten Sie ein, hier dürfen Sie schweigen…« Mitglied kann jeder werden, der einen Jahresbeitrag in Höhe von 50 Mark zahlt. Das Geld wird für Ausstattung und die laufenden Kosten verwendet.

Und wo gelingt das schönste Foto fürs Familienalbum? Vor dem Tor, die Quadriga-Lenkerin im Blickfeld.

Mehr Infos: 030/2626031 oder 3139063.

Das Schloß Augustusburg bei Brühl

Wie können Affen Falken jagen?

»Der gute Geschmack der Ausschmückung und der Möblierung übertrifft alles, was man in einem so unkultivierten Land erwarten könnte«, berichtet anno 1747 Frankreichs Gesandter am Kurfürstlich-Kölnischen Hof, Abbé de Guébriand, nach Paris.

Er meint das Schloß Augustusburg bei Brühl. Und man spürt – er ist erstaunt und gibt sich nicht einmal die Mühe, seine Arroganz, diese eingebildete Überlegenheit eines Mannes aus Versailles zu verheimlichen.

Hätte der Hausherr diesen Bericht gekannt, hätte er den Gesandten vermutlich von seiner Gästeliste gestrichen: Kurfürst Klemens August, Kölner Erzbischof (von 1723–1761) aus dem bayerischen Hause Wittelsbach. Denn er hatte die Ruine einer alten Wasserburg so lange umbauen lassen, bis aus ihr eine glanzvolle Sommerresidenz geworden war. Der Baustil? Ihm egal. Ihn interessierte nur eines: Pracht, Qualität. Die feinste Kunst, das eleganteste Vergnügen. Also holte er die besten ihres Faches nach Brühl.

Das Ergebnis? Eine Rokoko-Residenz mit Lustschloß-Flair. Überschwenglich, aber nicht protzig. Sinnlich. Vielleicht *das* schönste Gesamtkunstwerk des 18. Jahrhunderts in Europa. Musiksaal, Speisesaal, Gartensaal.

Spätestens nach dem dritten Raum würde man selbst heute eine echte Rokoko-Dame mit einem Knicks begrüßen. Weil sie (nicht wir!) einfach hierhergehört.

Rokoko. Rauschende Feste, prächtige Kleider, schöne Frauen. Stuck (für die Innenräume verwendete man Gipsstuck, für die Fassaden Kalkmörtel). Schier unglaubliche raffinierte Farbharmonie. Dutzende von Gelbtönen (von vergoldetem Stuck bis zum Naturholzparkettboden), Grün, Weiß (vom matten Marmor bis zum silbern schimmernden Kristalleuchter).

Und der Audienzsaal. Nirgendwo sonst wird die *Grundabsicht* des Rokoko so sichtbar wie hier: Der Innenraum und der Garten ergänzen sich, gehören zusammen. Den höchsten Genuß spenden sie nur als *Einheit*. Die Stuckdecke gibt die Muster der Broderiebeete wieder, das Grün der Holzvertäfelung und der Decke entspricht dem Grün des Gartens. Übrigens: Um die Stuckmotive sind winzige Schatten gemalt, damit man auch an nebligen Tagen glaubt, die Sonne würde scheinen.

Und das Motiv der Deckenmalerei? Eine Jagdszene. Was für eine Jagd? Die Falkenjagd. Eine Jagd ohne Pulver und Blei. Das Feinste vom Feinsten. Und eine Mode-Jagd. Weil man auch noch im 18. Jahrhundert an ein Prinzip glaubte, auf das bereits der Stauferkaiser Friedrich II. (1194–1250) geschworen hatte: Nur wer die schwierige Kunst der Falkenjagd beherrscht, kann auch ein Amt im Staat verwalten, denn beides erfordert Disziplin, Ausdauer und Scharfsinn.

Auch im Kabinett, wo sich der Kurfürst in privater Atmosphäre entspannte, ziert die Decke eine Falkenjagd. Nur diesmal sind es keine eleganten behüteten

Herren, die die Falken jagen, sondern Affen! Ob sich der Hausherr über seine Jagdleidenschaft lustig macht? Prunksucht kann man einem Wittelsbacher ohne weiters zutrauen. Aber Humor? Offensichtlich doch.

Wie jagen eigentlich die Falkner? Es ist ein Kampf abgerichteter Falken mit fliegenden Reihern oder anderen Vögeln. In der Luft, über den Köpfen der Zuschauer. Die Raubvögel zwingen ihre Opfer zu Boden, die Falkner folgen den kämpfenden Vögeln auf ihren Pferden, um sie zu trennen – und zu erlegen. Erst dann kehren die Falken auf den Lederhandschuh des Jägers zurück. (Übrigens sind heute rund 700 Beizjäger bundesweit im Deutschen Falkenorden organisiert.)

Wo steht das Schloß? Bei Brühl, am Rande des Eifelvorgebirges zwischen Köln und Bonn. Seit wann? Schon im 12. Jahrhundert errichteten hier die Kölner Erzbischöfe einen Jagdsitz, der später in eine Wasserburg umgebaut wurde. Ihn sprengten die französischen Truppen am 21. April 1689. Die Ruine diente Klemens August als Grundstein für sein Schloß (er wollte Baukosten sparen). 1728 war der Rohbau von Johann Conrad Schlaun fertig. Kommentar des Kurfürstenbruders Karl Albrecht: viel zu altmodisch! Er schickte seinen Münchner Hofbaumeister François Cuvilliés d. Ä. und den Gartenarchitekten Dominique Girard. Totalumbau! Das Treppenhaus gestaltete Johann Balthasar Neumann, die Fresken Carlo Carlone – die Besten, die's gab.

Klemens August hat die Fertigstellung seiner Residenz nicht mehr erlebt. Sein Nachfolger, Max Franz von Habsburg (jüngstes Kind von Maria Theresia), ließ weiterbauen. Und als alles endlich fertig war, kamen (wieder einmal) die Franzosen. Der Kurfürst mußte 1794 vor den anrückenden französischen Revolutionsgruppen fliehen, das gesamte Inventar wurde von den Soldaten geplündert, verschleudert. Im Zweiten Weltkrieg wurde das Schloß zerbombt. Die Restaurierung während der fünfziger und sechziger Jahre zielte auf die Herstellung des ursprünglichen Erscheinungsbildes aller Räume. Finanziert wurde dieses Projekt von der Landesregierung Nordrhein-Westfalen.

Was ist noch im Originalzustand? So seltsam es klingen mag – fast das gesamte Mobiliar, denn man kaufte jedes einzelne Möbelstück (mühsamst) zurück. Weiter rekonstruierte man die Grünanlagen, die Gärten, den Park. In kaum einer anderen Zeit spielten Gärten eine so bedeutende Rolle wie im 18. Jahrhundert. Es gab zwei Grundtypen: die französischen Gärten, angelegt als Repräsentationsräume, streng von der Natur getrennt, mit Alleen, Fernsichten, Wassergräben und Blumenrabatten wie Ornamente. Der englische Garten wurde als Naturerlebnis konzipiert, die Landschaft blieb »wild«, nur mit künstlichen Ruinen, Einsiedeleien, Tempeln und exotischen Bauten ausgestattet.

Die Grünanlagen von Augustusburg entwarf der Franzose Dominique Girard (um 1680–1738), dem Vernehmen nach ein Schüler des legendären André Le Nôtre, der die Gärten von Versailles gestaltet hat.

Die riesigen Beete legte Girard als einen *»tapis de broderie«* an, das heißt, sie erinnern an die Muster eines orientalischen Teppichs (frz.: *tapis*). Wer von der großen Schloßterrasse auf den Garten schaut, sieht sofort, was er damit erreichen wollte. Der »Teppich« läßt den Blick nicht mehr los – er führt ihn zum (obligatorischen) Weiher ganz am Ende der Anlage, in dem sich das Schloß märchenhaft spiegelt. (Übrigens wurden während der Renovierung zwar auch alle Brunnen erneuert, aber aus Kostengründen wählte man pflegeleichtere Materialien als damals, feinen Kies statt Sand, Basaltsplitt statt Kohle.)

Was hier sonst passierte? Bundespräsident Walter Scheel gab hier ein Festessen für den sowjetischen Staatschef Leonid Breschnew. Als Staatsgäste kamen Papst Johannes Paul II., Michail Gorbatschow und viele andere.

Im Musiksaal konzertierte der junge Beethoven, der Sohn des kurfürstlichen Hoftenoristen. Er komponierte und widmete (1783) dem Kurfürsten Maximilian Franz drei »Kurfürsten-Sonata«.

Auch der siebenjährige Mozart gab 1763 in Brühl ein Konzert und berichtete – schwer beeindruckt – seiner Mutter von den »Wunderbarkeiten« dieses Schlosses (Wolfgang Amadeus spielte allerdings im Schloß Falkenlust).

Besichtigungstips:

• Nicht zu übersehen – das Treppenhaus. Auf seinen Stufen spielte sich das Empfangszeremoniell ab, das bis ins kleinste durch die Hofordnung geregelt wurde. Gäste minderen Ranges begrüßte der Hausherr – so wollte es das Protokoll – von oben an der Saaltür. Dem Kaiser oder einem ausländischen Souverän öffnete er unten den Schlag seiner Kutsche. Gegrüßt wurde der Ehrengast von dem vollständig aufmarschierten Hofstaat. Und auch der wurde hierarchisch gegliedert: Ganz unten standen die Küchenjungen und Zucker- bäckergehilfen, Klosterfrauen, über ihnen die Militärs und die Begleitung des Gastes bis hin zu den höchsten Geistlichen. Und mit jedem Schritt nach oben wurde der Raum heller.

• Das Speisezimmer im Sommerappartement: Seine Wände sind mit echten Delfter Kacheln in den bayeri- schen Farben Weiß und Blau gekachelt; der Marmor- boden hatte nicht nur einen dekorativen, sondern auch einen praktischen Sinn: Er kühlt im Sommer die Luft!

• Am Parkende – Schloß Falkenlust, die intimste Bauschöpfung des Rokoko in Deutschland. Ein Ort für politische Geheimverhandlungen. Mit seinem Spiegel- kabinett: Spiegel in Wandgröße, herrlich gerahmt. Sie lösen die Raumgrenzen auf – man fühlt sich in einem irrationalen Raum!

• Übrigens: Das Schloß gehört dem Land Nordrhein- Westfalen, zur Stadt Brühl. Die UNESCO hat es zum Weltkulturerbe erklärt. Seit 1958 finden hier berühmte Schloßkonzerte statt.

Das schönste Foto fürs Familienalbum machen Sie vom Garten aus.

Mehr Infos: 02232/79345.

Das Bauhaus in Dessau

Ein Blatt Papier soll ein Buch tragen!

In Dessau gab's die Junkers-Flugzeugwerke und das Bauhaus – die erste antiakademische Kunsthochschule der Welt. Die Fabrik (in der man 1919 das erste Ganzmetallflugzeug der Welt konstruiert hatte) wurde 1945 zerbombt. Das Bauhaus brannte aus. Und doch kennen auch Sie es.

Weil wir von Bauhaus-Werken umgeben sind: Die Bauhaustapete war die Mutter aller Rauhfasertapeten. Der Stahlrohrstuhl (von Marcel Breuer) und seine Nachfolger stehen in allen Büros. Die Tischlampen mit Porzellanschirm werden heute kopiert, der Spielzeugbaukasten in der Schweiz hergestellt und von dort aus weltweit exportiert. Die Gropiustürklinke, der Aschenbecher (von Marianne Brandt entworfen) – Designerdauerrenner.

Bauhaus – so nannte sich eine Gruppe von Künstlern, die vor dem Zweiten Weltkrieg nach neuen Wegen suchte – war mehr als eine Kunstrichtung. Bauhaus war vor allem auch eine Lebensphilosophie. Man wollte nicht nur gemeinsam arbeiten, sondern auch miteinander leben.

Die Bauhaus-Schüler studieren und feiern Feste. Die Mädchen tanzen Charleston und tragen kurze Röcke.

Und es gibt Fotos, da werfen sie ihre Beine so gekonnt wie das Folies-Bergère-Ballett. Diese Aufnahmen von den Kostümfesten, Spielen und ausgelassenen Gelagen sind so lustvoll und fröhlich, daß man am liebsten mitmachen möchte.

Was sie im Unterricht erarbeiten, erfinden, entwickeln – diese Erzeugnisse dagegen sind nüchtern. Unverschnörkelt und praktisch. Ästhetisch. Elegant. Ausgefallen in Farbe und Form. Mutig. Kunst für den Alltag. Nichts, was man sich einfach nur so an die Wand hängt.

Wer die Bauhaus-Schule besucht, wird zum Allroundhandwerker ausgebildet. Die Schüler nennen sich »Lehrlinge«, ihre Lehrer nennen sich »Meister« – um den so distanziert klingenden Titel »Herr Professor« zu vermeiden.

Klingt alles spannend. Nur – wie verlief so ein Alternativunterricht? Mit einem Vorkurs, in dem Kreativität pur im Mittelpunkt stand, ging's los. Die individuellen schöpferischen Gaben der Studenten wurden »angeheizt«. Beispiel: Josef Albers, einer der Meister, konfrontierte seine Lehrlinge mit folgender Aufgabe: »Hier haben Sie ein Blatt Papier, eine Schere und ein Buch. Bitte, lassen Sie das Papier dieses Buch tragen!« Dann forderte er sie auf, »kreativ forschend an die Arbeit zu gehen und verließ das Zimmer. Zwei, drei Stunden später begutachtete er die Lösungen.

Man lernte drei Jahre, das Studium wurde mit einer Gesellenprüfung abgeschlossen. Aus dem reinen Lehrinstitut sollte später eine Anstalt entwickelt werden, die produktiv und wirtschaftlich auswertbar ist.

Das Bauhausgebäude in Dessau: ein auf den ersten

Blick eher unscheinbares, strenges Gebäude aus Glas und Stahl. Kein monumentaler Haupteingang, flaches Dach. Die Modellschule der Moderne und von keiner Seite ganz zu sehen! Man muß sich ständig um das Haus bewegen – was natürlich kein Zufall ist. Damit sollte die Bauhaus-Idee versinnbildlicht werden: erstens das Zusammenwirken von Raum und Gemeinschaft. Und zweitens die Vereinigung aller Künste (einschließlich Handwerk) unter der Schirmherrschaft der Architektur. Wobei auch die Architektur als eine »Dienstleistung am Menschen« verstanden wurde.

Wie kam das Bauhaus nach Dessau? Gegründet hat es Walter Gropius 1919 in Weimar – als Fortsetzung der großherzoglichen Hochschule für bildende Kunst. Doch die Visionen und ungewöhnlichen Lehrmethoden der Bauhaus-Künstler wurden den biederen Weimarer Bürgern bald zu suspekt und gefährlich: »Bist du nicht brav, kommst du ins Bauhaus«, drohten die Eltern unartigen Kindern.

1925 wird das Bauhaus als »Kathedrale des Sozialismus« verbannt. Die Künstler ziehen nach Dessau um. Am 4. Dezember 1926 wird es als Hochschule für Gestaltung eingeweiht, am 30. September 1932 von den Nazis geschlossen. Ein Rest der Bauhaus-Truppe geht noch nach Berlin, löst sich 1933 dann aber endgültig auf. Bauhaus Direktor Gropius muß ins Exil, wandert nach Amerika aus.

Wer war Walter Gropius (1883–1969)? Architektensohn aus Berlin. Studiert Architektur, dient bei den Husaren, wird Architekt. 1915 heiratet er eine der aufregendsten Frauen der Vorkriegszeit – Alma, geb. Schindler, vier Jahre älter. Ihr erster Ehemann: der

Komponist Gustav Mahler. Ihr dritter: der Dichter Franz Werfel (dazwischen eine dramatische Affäre mit dem Maler Oskar Kokoschka). Gropius ist Gatte Nummer zwei. Ihre gemeinsame Tochter Manon stirbt mit 13. Alma verliert auch ihren Sohn (von Franz Werfel), wenig später läßt sich Gropius scheiden.

Gropius war mehr als ein Schulmeister. Ein Guru. Seine Freunde nannten ihn »Silber-Prinz«. Sein Motto (formuliert von einem seiner Mitarbeiter): »Spiel wird Fest, Fest wird Arbeit, und Arbeit wird Spiel.«

Sein erster Bau? Arbeiterwohnhäuser in Pommern (1906). Er baute Krankenhäuser, Lagerhäuser, Staatstheater, Altersheime, Sanatorien, Gerichtsgebäude, Papierfabriken, Juweliergeschäfte; er entwarf Diesselloks und Grabmäler, den Sowjetpalast in Moskau, den »Pan-Am« (jetzt Metlife)-Wolkenkratzer in New York. Nach seinen Plänen entstand die Berliner Siemensstadt. Ein Genie. Und ein Verführer – er lockte die Elitekünstler jener Zeit in sein Bauhaus.

Wer gehörte zu seinem Meisterteam? Der Schweizer Maler Paul Klee, der Deutschamerikaner Lionel Feininger, der Russe Wassily Kandinsky, der Ungar Laszlo Moholy-Nagy, Johannes Itten aus Wien, die Deutschen Gerhard Marcks und Oskar Schlemmer. 1930 wurde Mies van der Rohe (entwarf die Berliner Nationalgalerie) sein Nachfolger als Bauhaus-Direktor.

Übrigens: Nach ihrem Umzug nach Dessau legten sich die »Meister« doch wieder den Titel »Professor« zu, weil sich angeblich ihre Ehefrauen beim Einkaufen als »Frau Professor« besser bedient fühlten.

Zustand heute? Das »Stammgebäude«, 1945 ausgebrannt, wurde 1976 meisterhaft renoviert – wirkt wie damals: kühn und klar! Nur: Wo früher Webstühle und Hobelbänke standen, befindet sich heute eine »Denk-werkstatt«. Verwaltet von einer Stiftung (Jahresetat: sechs Millionen Mark; die Hälfte davon kommt vom Bund, 45 Prozent vom Land Sachsen-Anhalt, fünf Prozent von der Stadt). Es gibt eine Akademie (die keine Lehranstalt mehr ist) und eine Sammlung.

Besichtigungstips:

• Doppelhäuser der Bauhaus-Meister. Sie wurden nach dem Motto »Volksbedarf statt Luxusbedarf« entworfen und durchgestylt, vom Keller bis zum Flachdach. Perfekte Lichtverhältnisse, optimale Raumnutzung. Doch was blieb fürs Herz? Wassily Kandinski, einer der sechs Meister, die Gropius nach Weimar und Dessau gefolgt waren, machte es sich erst einmal gemütlich. Er tünchte die Wände hellrosa, kleidete eine Nische mit Blattgold aus, stellte ins Wohnzimmer alte russische Stühle. Und das Flachdach mochte er auch nicht: »Wenn es regnet, kann man da oben baden gehen!«
• Im ersten Stock dokumentiert eine Ausstellung die Bauhaus-Geschichte. In der Buchhandlung gibt's Postkarten, Bücher, Bildbände.
• Wer an einer Führung interessiert ist, muß sich schriftlich anmelden!
• Was außerdem sehenswert ist: die Reihenhaussiedlung Törten mit 300 Bauhaus-Gebäuden, obwohl alle im Laufe der Zeit mehr oder weniger »verschönert« wurden. Das Arbeitsamt dagegen befindet sich noch fast im Originalzustand.

• Und – 15 Kilometer östlich finden Sie den legendären Wörlitzer Park (angelegt 1769).

Das schönste Foto fürs Familienalbum entsteht vor dem Schriftzug am Stammhaus oder drinnen vor dem berühmten Treppenhaus (wurde von vielen Bauhäuslern, z. B. von Oskar Schlemmer, gemalt).

Mehr Infos: 03 40/21 46 61.

Die Frauenkirche in Dresden

Unter den Trümmern lag Christus – unversehrt

Zwei Tage trotzt die Kirche dem Feuersturm. Am dritten Tag gibt der Sandstein nach. 15. Februar 1945, Donnerstag, kurz nach zehn Uhr: Mit einem leisen Knistern sinkt die 95 Meter hohe barocke Kuppel in sich zusammen, als hätte sie keine Kraft mehr, den Blick auf die brennende Altstadt zu ertragen. Dann bersten mit einem ungeheuren Knall die Außenwände der Kirche. Das prachtvollste Gotteshaus der evangelischen Christenheit, die Frauenkirche in Dresden, ist zerstört.

Es war der Krieg. Bei den drei Angriffen der 1300 alliierten Bomber auf Dresden am 13. und 14. Februar 1945 starben mindestens 35 000 Menschen. Von 25 000 Häusern der Innenstadt blieben 25 stehen. »Das Elbflorenz«, schrieb der Dresdner Erich Kästner, »ist abgemäht und fortgeweht.« Gerhard Hauptmann: »Wer das Weinen schon verlernt hat, der lernt es wieder beim Untergang Dresdens.«

Fast 50 Jahre lag der Schutt in der Kirchenruine. 1994 hat man begonnen, ihn wegzutragen. Unter den Trümmern fand man zwei unversehrte Kollekten mit Reichsmarkpapiergeld, nationalsozialistische Lehrfilme (aus Berlin hierher verlagert, im Glauben, der Krieg würde dieses Bauwerk verschonen), eine Papiertüte mit »Löschsand für Luftschutz« (in der Putzkammer in einer der Nischen), 244 Gräber (in den Katakomben) und den Altar! Engelsköpfe, Apostelfiguren, vergoldete Weintrauben, die ihn zierten – alles zu 90 Prozent erhalten. Aber vor allem (und das grenzt an ein Wunder!) fand man den Christus des Altarkruzifixes. Er lag unter 52 000 Trümmern. Mit dem Gesicht nach unten. Zu Füßen des Altars. Das Holzkreuz verbrannte, die Leuchter, die neben ihm auf den Boden prallten, zerschmetterten. Er blieb (fast) unversehrt. Nicht einmal die zierlichen Dornen in seiner Leidenskrone brachen ab.

Und noch ein Fund. In der Gruft lag die Urne mit der Asche jenes Mannes, der diese Kirche erbaut hat: Georg Bähr (1666–1738). Ein einfacher Ratszimmermeister aus dem Erzgebirge, der es als erster Architekt der Welt wagte, eine Kuppel (Durchmesser: 23,5 Meter) aus Stein zu bauen. Gesehen hat er sie nie. Er stürzte im Alter von 72 (!) Jahren von einem Gerüst.

Wann wurde der Dom erbaut? Von 1726 bis 1743. Im Auftrag des sächsischen Bürgertums. Als eine Antwort auf den »Verrat« ihres Kurfürsten August des Starken (1670–1733). Der wollte König im erzkatholischen Polen werden, also opferte er seine Religion, wurde am 1. Juni 1697 katholisch. An sich eine Privatsache. Nur waren es die Landesherren, die damals die Religion ihrer Landeskinder bestimmten. Waren sie fanatisch, führte das zu Katastrophen. Wie z. B. in Salzburg, wo der katholische Landesherr alle Protestanten des Landes verwies.

Dresdner Protestanten trotzten ihrem abtrünnigen (aber baulustigen) König, indem sie Bähr beauftragten, ihm »Luthers Feste Burg« aus sächsischem Sandstein mitten in die Residenz zu stellen. Glücklicherweise fand August geniale Bauwerke wesentlich interessanter als die Theologie. Und als der Bürgerschaft das Geld ausging, sponserte er den Kirchenbau. Mit 28 366 Talern (die eigentlich für protestantische Flüchtlinge aus Salzburg gesammelt worden waren).

Am 25.11. 1736 erklang in dem halbfertigen Gotteshaus erstmals die neue Orgel: ein Meisterwerk des berühmten Gottfried Silbermann, einem Mitglied der Orgel- und Klavierbauerfamilie aus dem Erzgebirge. Am 1.12.1736 spielte hier der soeben zum Hofkomponisten ernannte Johann Sebastian Bach. Er spielte »nachmittags von 2 biß 4… in Gegenwarth des Russisch-Kayserl. Gesandten«.

1745 wurde der monumentale, strenge Bau eingeweiht. Mit Platz für 4000 Protestanten.

Wo steht der Dom? Am Neumarkt, wo es schon im 11. Jahrhundert eine Kirche »Unserer lieben Frauen« gab.

Was hier sonst noch geschah? In der Kuppel zeigten sich bald millimeterdicke Risse. Weil der Mörtel damals mit Quark und Eiern angerührt wurde. Diese exquisite Mischung trocknete nicht steinhart, sondern blieb flexibel (wenn sie sich in den Sonnenstrahlen dehnte, oder wenn sie – 1760 von der Preußischen Kanonade beschossen – vibrierte) und rettete so die Kuppel vor dem prophezeiten Einsturz.

Zustand heute? Ein Torso. Man will die Frauenkirche historisch getreu wiederaufbauen – aus möglichst vielen Originaltrümmersteinen. Eine Bürgerinitiative konnte bis jetzt 13 Millionen Mark sammeln. Gebraucht werden 250 Millionen. Ein Projekt, das viel diskutiert worden ist – andere Bürger wünschten sich, daß die Ruine als Mahnmal gegen den Krieg erhalten bliebe.

Rund 100 000 Trümmersteine (viele mit Initialen alter sächsischer Steinmetze) können beim Aufbau wiederverwendet werden. Das weiß man seit der »archäologischen Enttrümmerung«. Was das ist? Steinspezialisten, Ingenieure und Denkmalpfleger haben den 13 Meter hohen Trümmerberg (20 500 Kubikmeter Stein und Sand) abgetragen und entrümpelt, jedes einzelne Trümmerteil millimetergenau untersucht, jeden Stein vermessen und mit bis zu 170 verschiedenen Daten in einer Computerdatei gespeichert: Fundort, Fallhöhe, Festigkeit, Farbe: ein gigantisches Puzzlespiel. Denn sie müssen versuchen, die aufgefundenen Steinbrocken zusammenzufügen.

Das wichtigste Hilfsmittel dabei sind die Rißzeichnungen: Sie werden elektronisch fotografiert, numeriert, einander zugeordnet. Eine mühsame Prozedur. Aber nur so kann das, was noch blieb, verwendet werden: »In den neuen Städten sind die alten Häuser nur in den Menschen zu finden«, sagt der Dichter Elias Canetti.

Bis 1995 wurden rund 8 500 Steine von der Fassade katalogisiert, rund 2 000 aus dem Altar- und Kanzelbereich, um die 95 000 von den Hintermauern. Quader im Wert von 15 Millionen Mark. Aus wie vielen Steinen besteht wohl ein Gotteshaus? Wir werden es wissen – wenn die Frauenkirche wieder steht.

Übrigens: Zwei Kilometer von der Ruine entfernt, hinter gesicherten Stahltüren, sitzt die jüdische Gemeinde Dresdens. Auch ihre Synagoge – 1928 von Dresdens Hofarchitekten Gottfried Semper entworfen – wurde zerstört.

Besichtigungstips:

• Die historischen Steinbrocken in gigantischen Stahl-
regalen neben der Ruine und am Elbufer. Und selbstverständlich alles, was August noch so bauen ließ: Zwinger, Hofkirche, Grünes Gewölbe.
• Besser als Andenken: eine Quarzuhr mit winzigen
Ruinensteinchen im Zifferblatt (20 von den 85 Mark
sind Spende für den Wiederaufbau).

Das beste Foto fürs Familienalbum entsteht direkt vor
der Ruine.

Mehr Infos: Stiftung Frauenkirche Dresden e.V.:
0351/498190.

Die Burg Eltz

Ein Wolkenkratzer aus dem Mittelalter

Sie liegt – wie ein verwunschenes Dornröschenschloß – versteckt im dichten Eichenwald. Auf einer einzigen schroffen Schieferfelskuppel, 290 Meter steil über dem wilden Elzbach (der acht Kilometer weiter in die Mosel mündet).

Und hat man den schmalen Waldweg nach oben zu ihr geschafft, beginnt das große Staunen: all die verschachtelten Dächer, Portale, Fachwerkgiebel, Erker und erst die acht Wohntürme – 45 Meter hoch! Ein Wolkenkratzer made im Mittelalter: die Burg Eltz. Inbegriff deutscher Burgenromantik, unbezwingbar.

Sie könnten sie vom alten 500-Mark-Schein her kennen! Oder von der 40-Pfennig-Briefmarke der deutschen Bundespost. Eine Burg *par excellence*. Aber vor allem – ein Sonderfall.

Denn sie ist seit dem 12. Jahrhundert im Familienbesitz der Grafen und Edlen Herren von und zu Eltz. Eine Burg, die stets allen männlichen Mitgliedern der Familie gehörte. Eine Art Sippenburg für eine gräfliche Erben- und Wohngemeinschaft. Sie wohnten zusammen, um sich gegenseitig zu schützen und zu unterhalten.

Die einzelnen Familien bauten sich eigene Häuser:

das Haus Platt, Haus Kempenich, die Rodendorfer Häuser, das Rübenacher Haus. Für die Erhaltung von Toren, Brunnen und Wehranlagen war man gemeinsam zuständig, in den hohen Wohnburgen jeder Familienchef sein eigener Herr. Bis zu 100 Familienmitglieder lebten einst in den rund 100 Wohnräumen. Vettern, Neffen, Schwager. Es war eng, klar. Und doch kam es offensichtlich zu keinen gewalttätigen Streitereien. Wie seltsam – wie diplomatisch.

Seit wann? Die Burg wird erstmals 1157 in einer Schenkungsurkunde des Kaisers Friedrich I., genannt Barbarossa, erwähnt. Erbaut hatte sie Rudolph von Eltz. Aber bereits 1268 teilten sich die Brüder Elias, Wilhelm und Theoderich die Burg zu gleichen Teilen – und machten sie damit zu einer »Ganerbenburg«. Die drei Hauptlinien des Hauses Eltz nannten sich nach ihren Wappen: Eltz vom goldenen Löwen, Eltz vom silbernen Löwen, Eltz von den Büffelhörnern.

Wo steht die Burg? An der Moselstraße zwischen Koblenz und Cochem, beim Dörfchen Moselkern. Von drei Seiten vom Elzbach umflossen.

Was hier sonst noch passierte? Während der »Eltzer Fehde« (1131–1336) belagerte der Trierer Kurfürst Balduin die Burg, weil sich die Eltzer geweigert hatten, die Oberherrschaft des rabiaten Erzbischofs anzuerkennen. Belagerung war einst eine viel wirkungsvollere Waffe als brennende Pfeile oder Kanonen. Man schnitt dem Feind einfach die Versorgungswege ab. Der konnte ja immer nur eine begrenzte Menge von Vorräten lagern, mußte für Nachschub sorgen. Und mit Wasser aus dem Burgbrunnen wollten sich die trinkfesten Ritter auch nicht ewig begnügen.

Balduin ging auf Nummer Sicher. Er ließ auf die Schnelle eine Belagerungsburg in Sichtweite der Eltzer erbauen und den Familienclan durch Katapulte mit Kugeln beschießen (die liegen heute noch im Innenhof). Das wirkte. Die Eltzer Herren baten um Frieden, gelobten Treue, mußten zur Strafe die Belagerungsburg instand halten. Sie zerfiel aber rasch (der Fußweg vom Parkplatz führt an der Ruine vorbei).

Übrigens wurde 1567 einer der Eltz-Grafen selbst zum Kurfürsten von Trier gewählt. Noch eine Stufe mehr schaffte Philipp Karl von Eltz 1732: Er wurde Fürstbischof von Mainz und damit der damals mächtigste Kirchenfürst nördlich der Alpen. Als Oberhaupt der deutschen katholischen Kirche stand er im Rang gleich nach dem Papst. Das Diplomatengeschick hatten die Grafen wohl im Blut. Der Beweis? Im Dreißigjährigen Krieg wurde ein Familienzweig protestantisch – und der Krieg zog an der Burg vorbei.

Was ist noch im Originalzustand? Fast alles – da dies die am besten erhaltene mittelalterliche Burg Deutschlands ist. Nie erobert, nie zerstört (und ein staatlich anerkanntes Privatmuseum).

Besichtigungstips:

• Was auch immer Sie sehen, stammt aus Familienbesitz. In den Ritterrüstungen zogen die Grafen von Eltz einst in den Krieg, mit dem Schmuck glänzten die Eltz-Damen bei Haus- und Kirchenfesten, im reich geschnitzten Brautbett zeugte man seit Generationen Nachfahren. Die gesamte Inneneinrichtung ist nicht nur kostbar, sondern auch authentisch. Und so kann man hier durch 800 Jahre höfischer Wohnkultur spazieren: Wanduhr von 1443, gotische Stühle, zierliche Rokoko-Möbel aus Rosenholz und viele winzige Kammern, wo die Notdurft verrichtet wurde (Eltz soll mehr Toiletten haben als Versailles!). An den zahllosen offenen Feuerstellen könnte man fast die Entwicklungsgeschichte des Kamins verfolgen. Besonders sehenswert: die spätmittelalterliche Küche, das »Rübenacher Schlafgemach«, vollkommen mit Blüten und Rankenwerk ausgemalt. Einer der Urahnen der heutigen Burgbesitzer kaufte von Lukas Cranach d. Ä. (1472–1553) ein Bild: die »Madonna mit Traube«. Günstig soll es gewesen sein, heißt es. Heute ist es eins der Spitzenwerke der hauseigenen Kunstsammlung.

Neu (d. h. erst 1981 eröffnet): die Schatzkammer, vier Geschosse tief in den Burggraben getrieben. Mit einem Trinkgefäß in Form eines Ritters hoch zu Pferde, einem »Dukatenscheißer« aus Elfenbein auf vergoldetem Sockel, einer goldenen Mantelspange mit 250 Karat Diamanten und Smaragden. 300 Pretiosen in 400 Quadratmeter großen Gewölben. Und jedes einzelne mit einem Eigenleben.

Übrigens war der heutige Senior des Hauses Eltz, Jakob Graf zu Eltz, bis vor einigen Jahren Delegierter des Malteserordens bei der Bundesregierung.

Wohnen die Grafen noch wirklich hier? Nein. Sie leben auf anderen Familienwohnsitzen, z. B. in Eltville am Rhein, wo die Familie schon seit der Mitte des 18. Jahrhunderts ein Weingut hat. Auf der Burg leben die Verwalter.

• Alle Busse und PKW müssen am Parkplatz an der Antoniuskapelle bleiben; von hier aus ist die Anlage in einem Zehn-Minuten-Fußweg zu erreichen. Der schönere Spaziergang führt von Moselkern aus durch den Wald (40 Minuten).

Das schönste Foto fürs Familienalbum entsteht vorm Eingangstor.

Mehr Infos: 02672/1300.

Die Krämerbrücke in Erfurt

Der versteckte Fluß

Eine seltsame Brücke. Man überquert sie, sieht aber kein Wasser, keinen Fluß. Nichts. Nicht einmal eine winzige Welle, die – und das weiß man ganz bestimmt – unter den Füßen fließt. Denn diese Krämerbrücke über die Gera ist so dicht wie jede normale Gasse mit Fachwerkhäuschen bebaut. Sie ist das älteste profane Bauwerk Erfurts und die einzige vollständig bebaute und bewohnte Brücke nördlich der Alpen: 125 Meter lang, 19 Meter breit. Nicht so bekannt wie der Ponte Vecchio in Florenz – aber ebenso liebens- und sehenswert.

Auf der Ostseite thront ein mittelalterliches Gewölbetor mit drei Meter dicken Mauern – ein Teil der stolzen gotischen Aegidienkirche mit ihrem quadratischen Turm und dem Kirchenraum im 1. Stock. Um auf die Brücke zu gelangen, muß man unter (ja, hier ist alles anders!) der Kirche durch.

Nur in der Mitte der »Gasse« entdeckt der »Brückensucher« einen Hinweis auf das Wasser unter seinen Füßen. Hier wölbt sich das Straßenpflaster etwas. Andererseits – wer schaut schon nach unten? Und – welche Straße ist denn gerade? Und so passiert es immer wieder, daß einige Erfurt-Besucher – auf der Krämerbrücke stehend – nach ihr fragen.

Bebaute Brücken gab es in den vergangenen Jahrhunderten öfter. Aber auf keiner wurden so hohe geschlossene Häuserzeilen erbaut wie in Erfurt, was keine architektonischen, vielmehr praktische Gründe hatte: Über diese Brücke führte die *Via Regia*. Vom Rhein nach Rußland, von Frankfurt/Main über Breslau nach Kiew und zurück, von der Ostsee zum Mittelmeer hinunter.

Es gab keinen Umweg. Wer handeln wollte, mußte sie überqueren. Und so wurde die Krämerbrücke zum ersten Luxus-Einkaufszentrum Europas. Die Fifth Avenue des Mittelalters, eine ideale Geldschleuse. Man lockte die Reisenden mit Goldschmuck, Gewürzen, Seide, feinem Papier, und die (heute wie damals unbeliebte) Zollbehörde (in Form einer Waage) stand ganz hinten, am Ende der Brücke. Hier erst wurden die Waren gewogen, geschätzt und mit »Ungeld« (sprich: Steuer) für die Stadt belegt.

Seit wann gibt es die Brücke? 1156 wird sie erstmals erwähnt, 1325 war der Holzbau mit 64 Häuschen fertig. Während des Stadtbrands von 1472 wurden die Buden zerstört. Aber erst nachdem sie sechsmal abgebrannt waren, beschloß man, eine sechsbogige Steinbrücke über die Gera zu schlagen, bebaut mit jenen dreistöckigen Fachwerkhäusern, die selbst den Zweiten Weltkrieg überstanden haben.

War diese goldbringende Brücke der Grund für Erfurts europaweiten Ruf? Nein. Erfurt – gegründet 742 – war zuerst ein Bischofssitz und erst dann eine Export-Import-Metropole. Die Chronisten rühmten diese Stadt an der mehrarmigen Gera lange zuvor als »turmreich«:

Mehr als 90 Kirchen gab es hier sowie 36 Klöster. Die Kaufleute und Gelehrten nannten diese Stadt in Thüringen das »deutsche Rom«. Offensichtlich ergänzten sich Geschäftstüchtigkeit und Gottesfurcht aufs Fruchtbarste. Bereits um 1000 durfte Erfurt seine eigenen Münzen prägen, um 1500 lebten hier 20 000 Einwohner (im damaligen Rom nur doppelt so viele, in der heutigen Hauptstadt Thüringens 215 000).

Was hier sonst noch passierte? 1552 bereiste die Brücke ein Nürnberger Kaufmann und beschrieb seine Eindrücke so: »Am liebsten hätte ich bei den tausenderlei Arten fremdländischer Kostbarkeiten … dieses einzigartigen Basars angehalten.«

Friedrich I. war siebenmal hier, Napoleon sechsmal: Zum Fürstenkongreß bestellte er 1808 nach Erfurt einen Kaiser, vier Könige, eine Königin, einen Großfürsten, einen Fürstprimas, 17 regierende Fürsten, sechs Erb- und 24 andere Prinzen und 84 Grafen, Barone und sonstige Blaublüter. Am Rande des Kongresses traf Napoleon in der barocken Erfurter Statthalterei auch auf Goethe: »*Voilà un homme!*« (Endlich mal ein Mensch!) – ein inzwischen geflügeltes Wort, allerdings nicht von Goethe. Napoleon versuchte den Dichterfürsten zu bewegen, nach Paris umzuziehen – vergeblich. Zar Alexander I. hielt hier mit den deutschen Rheinbundfürsten den »Erfurter Fürstentag« ab, und im ehemaligen Universitätsballhaus unterhielt die verhandelnden Fürsten und Diplomaten die »*Comédie Française*«. Und wer auch immer nach Erfurt kam, ging Shopping – auf der Krämerbrücke.

Natürlich wurde nicht nur auf der Brücke gehandelt,

sie war nur die Seele des geschäftigen Städtchens. Rund um den Dom gab's Salzmarkt, Kohlmarkt, Fisch- und Pferdemarkt, Rutenmarkt für Ölfrüchte und Sämereien. Und vor allem – den Handel mit den Waidpflanzen! Der Färbewaid aus dem Nahen Osten war Jahrhunderte lang die einzige Substanz, aus der man blauen Textilfarbstoff gewinnen konnte. Seit 1300 baute man ihn in der Nähe von Erfurt an – und bald wurde das kostbare Blau zum wichtigsten Exportartikel der Stadt.

Natürlich färbten auch die Erfurter Weber ihr Tuch damit und pflegten das frisch gefärbte Leinen stets am Montag zum Trocknen aufzuhängen. Während das Tuch trocknete, konnten sie nichts anderes tun, hatten also einen freien Tag vor sich – ja, genau: den »blauen Montag«. Und sie waren nicht bereit, ihren Arbeitsrhythmus aufzugeben, nicht einmal, als die Pflanze Mitte des 18. Jahrhunderts ihre Bedeutung verloren hatte, da aus Indien Indigo nach Europa importiert wurde. Seit 1989 wird der Waidanbau in Thüringen wieder forciert.

Übrigens: Der heilige Severus – dem die St.-Severi-Kirche nur fünf Meter vom Dom entfernt geweiht ist – war kein Märtyrer oder Mönch; nein, er soll ein Tuchmacher aus Ravenna gewesen sein!

Was ist noch im Originalzustand? Die steinernen Bogen, unter denen das seichte Flüßchen dahinfließt. Die 32 restaurierten Fachwerkbauten stammen aus dem 17. bis 19. Jahrhundert. Die meisten wurden damals aus zwei bis drei Häuschen zusammengelegt, denn die ursprünglichen waren so schmal, daß man sich darin kaum umdrehen konnte. Der Grund? Der Baugrund war schlicht zu kostbar – ebenso wie heute die

Grundstücke in Manhattan, Berlin-Mitte oder sonstigen Handelszentren.

Besichtigungstips:

• Wer das Wasser unter seinen Füßen tatsächlich sehen will, muß ins Museum (es befindet sich in den Häusern Nr. 20 und Nr. 21) und aus dem Fenster schauen. Das Museum selbst zeigt Alltagsgegenstände von einst und Fotos, die die Handwerker der Vorkriegszeit zeigen (ganz schön erstaunlich, wie wenig sich das Grundwerkzeug trotz High-Tech, Internet & Co. verändert hat: Einen Hammer kann immer noch nichts ersetzen, ebensowenig einen Schraubenzieher).
• Es gibt eine Töpferwerkstatt – mit originellen Keramiken im Direktverkauf, eine Münzhandlung, eine Antiquitätengeschäft usw. Alles liebevoll gepflegt und stimmig, da die Decken kaum höher sind als mancher Kopf!
• Und jedes Häuschen hat einen oft exotisch anmutenden Namen: Im Hause Zum Goldhelm z. B. wohnten im 17. und 18. Jahrhundert die Direktoren der Erfurter Stadtmusikanten, zu denen auch etliche Mitglieder der Bach-Familie gehörten. Und die Eltern von Johann Sebastian Bach (1685–1750) haben sich vor dem Hochaltar der Kaufmannskirche (auch Kaufmännerkirche genannt) ihr Jawort gegeben (diese gotische Basilika aus dem 14. Jahrhundert finden Sie am östlichen Anger – Erfurts Flanierstraße mit verzierten Häuserfassaden aus mehreren Jahrhunderten).
• Und noch ein großer Deutscher spürte unter seinen

Füßen die gleichen Pflastersteine wie Sie heute – Martin Luther (1483–1546). Der Reformator soll in dem schmalen Gäßchen links – dem heutigen »Zum Luthergäßchen« – ab und zu gebettelt haben. Vier Jahre lang (1501–1505) war er Student an der hiesigen Universität, die 1392 eröffnet wurde, als zweite von Bürgern gegründete Bildungsstätte im Reich (nach Köln) und als erste Universität überhaupt, die alle vier Fakultäten anzubieten hatte: Medizin, Jura, Geisteswissenschaften und Theologie, ein Angebot, das sie zum Mittelpunkt des deutschen Humanismus macht. Nahe der Krämerbrücke – die vermutlich ältesten »Studentenwohnheime« Deutschlands. Zwei kleine Häuser, deren erster Stock über das Wasser hinausragt. Hier wohnten die mittellosen Studenten, die sich an der freien Universität zu Erfurt einschreiben durften.

Um sein Studium abzurunden, um es in Harmonie mit seinem Glauben zu bringen, trat Luther ins Schwarze Kloster der Augustiner-Eremiten ein. Er wurde Mönch, seine ehemalige Zelle ist heute noch zu besichtigen. Und dort, wo er einst die durchreisenden Kaufleute um etwas Kleingeld bat, stehen heute – ab und zu – Straßenmusikanten.

Das Beweisfoto (sprich: die Außenansicht) sollten Sie von einer anderen Brücke schießen – von der Rathausbrücke. Von dort aus sieht man auch die vielen stillgelegten Mühlen. Und die einzige, die noch im Betrieb ist: die Neue Mühle (auch »Technisches Denkmal« genannt).

Mehr Infos: Fremdenverkehrsamt 03 61/2 62 67.

Die Paulskirche in Frankfurt/Main

Das Haus aller Deutschen

Ein schlichtes ovales Gebäude aus roten Ziegeln, umgeben von kühnen Hochhäusern und protzigen Banken – »Das Haus aller Deutschen«. So nennt man sie, die Paulskirche in Frankfurt/Main, die Feierstube der Nation!

Am 18. März 1944 wurde sie zerbombt. Wie so viele andere altehrwürdige Gebäude. Wie die Frauenkirche in Dresden, die Gedächtniskirche in Berlin, die Jakobikirche in Rostock, die Nikolaikirche in Hamburg.

Am 20. Januar 1947 richtet der Frankfurter Oberbürgermeister einen Aufruf an alle Städte und Gemeinden Deutschlands, bittet um Spenden für den Wiederaufbau.

Die Reaktion ist überwältigend: Die Stadt Düsseldorf stiftet ein neues Fenster. Der Landkreis Rügen schickt einen Waggon Kreide, Bad Orb 2000 Zigarren, der Kreis Cochem an der Mosel 1000 Flaschen Wein. Aus Thüringen kommt Bauholz im Wert von 30000 Mark. Die Regierung des Landes Sachsen spendet 100000 Mark, die damalige Sozialistische Einheitspartei 10000 Mark. Und so entstand sie neu – als ein Denkmal karger Zeiten. Die letzte gemeinsame Tat vor Deutschlands Teilung. Am 15. August 1948 findet die feierliche Wiedereröffnung statt.

Was macht die Paulskirche für uns alle so wertvoll? Eine Politversammlung. Hier tagte 1848 das erste deutsche Parlament. Die Kirche ist eine Rotunde, erbaut an der Stelle, wo früher ein Franziskanerkloster stand, im Flußbett des Braubach (1798). Für ein Fundament war dieser Boden zu sumpfig, also pfählte man tausend deutsche Eichen in den Morast. Ein böses Omen für die Zukunft der Demokratie? Nicht auf Stein wurde sie gebaut – sondern auf Sumpf?

Der 18. Mai 1848 verwandelt diese Kirche in ein Nationaldenkmal. Die Sonne strahlt. Girlanden, Fahnen und Fähnchen in den neu angenommenen Farben Schwarz-Rot-Gold. 16 Uhr. Kanonen schießen Salut, die Glocken läuten, die Frankfurter Bürgerwehr bahnt den Weg. Die Abgeordneten schreiten in Viererreihen vom Römer zur Paulskirche, deren Innenwände mit grünem Tuch verkleidet sind.

Am Eröffnungstag sind erst 384 der 585 Abgeordneten eingetroffen. Dichter, Literaturprofessoren, Turnvater Jahn, Journalisten. Auf der Galerie: 2 000 Zuschauer. »Dies ist eine Versammlung, wie sie Deutschland noch nie gesehen … deren Beruf es ist, ein bedeutendes Stück Weltgeschichte zu machen, einen Abschnitt in unserer Zeit, die, so Gott will, segenbringend von der fernsten Zukunft begrüßt wird«, verkündet der Alterspräsident. Aus 35 Staaten und vier freien Städten soll ein Reich entstehen.

Dann wird der erste Parlamentspräsident gewählt: Heinrich von Gagern. Ein Mann aus dem Staatsdienst in Hessen-Darmstadt (ein halbes Jahr später legt er das Amt nieder). Es folgen 99 Sitzungen. Das Ergebnis? Die erste deutsche Verfassung (59 Artikel), in der die

Grundrechte der Bürger festgelegt werden. Sie ist wahrhaftig vorbildlich formuliert. Und sie wird auch verkündet! Nur – sie tritt nie in Kraft! Die mächtigen Monarchen wollen keinen demokratischen National-staat, die Volksvertreter sind zu unentschlossen. Auf der Suche nach einem Kompromiß wählen die Abge-ordneten Friedrich Wilhelm IV. zum Kaiser (aller Deut-schen). Er lehnt ab, das Parlament wird aufgelöst.

Am 24. Oktober 1849 übernimmt die evangelische Gemeinde die Paulskirche wieder als Gotteshaus.

Wem gehört die Kirche heute? Der Stadt. Im Plenar-saal: 16 Fahnen und Wappen der Bundesländer, harte Bänke, eine Orgel. Hier wird der Goethe-Preis der Stadt verliehen (an Thomas Mann, Ingmar Bergmann, Ernst Jünger) und jährlich als Schlußakt der Buchmesse der Friedenspreis des Deutschen Buchhandels.

Was hier sonst noch passierte? 1991 entstand an der Außenwand des Zentralraums ein Rundbild: 32 Meter lang, 3,5 Meter hoch: »Zug der Volksvertreter« von Johannes Grützke (Jahrgang 1937). Ein Werk, das an unsere ersten Parlamentarier erinnern soll. Rund 200 Herren in Schwarz. Wichtigtuerisch und achtlos mar-schieren sie an einer flehenden Mutter mit Kind vorbei, machen einen Bogen um ein Knäuel sich prügelnder Knaben. Da ein Hirte, dort ein Schmied (weder damals noch heute gab es im Parlament einen Arbeiter!). Illu-striert dieses Bild den Zustand der Demokratie? Wen hat der Künstler hier verewigt? »Gemalt wurde, wer vor-beikam, jeder von uns muß Volksvertreter sein kön-nen«, sagt Grützke. Demokratischer geht's kaum. Sich selbst hat er auch gemalt. Allerdings versteckt in der Menge.

Übrigens: Ein ähnlich gewaltiges Werk schuf der Leipziger Maler Werner Tübke (Jahrgang 1929): »Das Bauernkriegs-Panorama« bei Bad Frankenhausen. Es ist 123 Meter lang und 14,5 Meter hoch.

Besichtigungstip:

• Wenn's geht, die Kirche mittags besuchen. Dann läuten die Glocken. Das Geläut der Kirche besteht aus sechs Glocken: Bürgerglocke (8 590 Kilo), Stadtglocke (3 690 Kilo), Christusglocke (1 810 Kilo), Barfüßer- oder Gebetsglocke (970 Kilo), Dankesglocke (500 Kilo), Lutherglocke (437 Kilo). Die Bürgerglocke läutet nur samstags (Punkt 12 Uhr), die Stadtglocke wochentags (Punkt 12 Uhr). Die Bürger- und Stadtglocke läuten zusammen an drei Tagen im Jahr: am 22. März um 21.40 Uhr, um an die Kriegszerstörung zu erinnern, am 10. November um 11 Uhr, um an die Judenpogrome zu erinnern, und am Volkstrauertag um 10.50 Uhr. Gemeinsames Läuten aller Glocken: nur an hohen Kirchenfesten.

Das interessanteste Foto fürs Familienalbum entsteht im Festsaal.

Mehr Infos: 0 69/28 42 35.

Die Pfalz von Goslar

Im kühlen Grunde liegt ein Kaiserherz

Es gab Zeiten, da war der deutsche Kaiser der mächtigste Mann Europas, aber zugleich ein Mann, der kein Zuhause hatte – geschweige denn einen festen Regierungssitz. Er zog im Lande umher, um sein Amt auszuüben, um möglichst viel Land für sich zu gewinnen. Und er baute Pfalzen, um dieses Land abzustecken.

Was ist eine Pfalz? »Ein befestigter und repräsentativer Wohnsitz« (Brockhaus). Es gab viele davon – doch die von Goslar war die mächtigste. Um 1005 hat man mit dem Bau begonnen, um 1050 wurde er fertiggestellt: Kapelle, Küche, Wohnräume im Erdgeschoß, der Kaisersaal (48 x 15 Meter) mit prachtvollen Fensterarkaden im ersten Stock. Wände, die Kraft und Ruhe ausstrahlen. Der größte Bau, den es im mittelalterlichen Deutschland gab.

Und Goslar? Damals die Stadt mit den meisten Einwohnern in Nordeuropa. Der weltliche Gegenpol zu Rom, dem religiösen Zentrum Europas. Anno 1009 trafen hier deutsche Fürsten zu ihrer ersten Reichsversammlung ein, später fanden hier 23 glanzvolle Reichstage statt.

Kamen die Fürsten zu Besuch, schmückte man die kahlen Wände mit Wandteppichen und Bildstickereien, unterhielt sie mit Jagden, beschenkte sie mit Bechern und Tellern aus Silber.

Nur: Wie beheizte man eine Pfalz? Zuerst wurde im Hof Holzkohle angezündet. Dann deckte man die offene Feuerstelle ab und führte so die warme Luft zu gemauerten Luftschächten, durch die sie in den unteren Saal gelangte. War's draußen null Grad kalt, konnte es drinnen bis zu 16 Grad warm werden!

Wo steht die Pfalz? Im Harz, am Südrand der Altstadt von Goslar (Niedersachsen). Warum ausgerechnet hier? Weil sich hier uralte Handelswege kreuzten. Aber vor allem, weil man in dieser Gegend Silber entdeckt und bereits 968 (!) mit der Ausbeute der Ader begonnen hatte. Dieses Edelmetall machte Goslar u. a. zur »Schatzkammer der deutschen Kaiser«.

Und außerdem gibt es in Goslars Sagenschatz eine Gründungslegende: »Heinrich I. (der Vogler) ließ eines Frühmorgens ins Hifthorn blasen, und bald darauf zog eine fröhliche Schar von Rittern und Knappen hoch zu Roß in den taufrischen Morgen zur lustigen Jagd.« Heinrich, müde von der Verfolgung eines edlen Hirsches, fand eine Lichtung mit Bächlein, Wiesen und Bäumen: »Seht, ihr Herren, welch herrliches Plätzchen mir vergönnt war heut zu finden? Inmitten des ernsten Waldes liegt es einsam und still. Dies Fleckchen Erde, das mir Gott zeigte, es soll eine Pfalz sein! Ein Kleinod meines Reiches soll es werden!« Gesagt, getan.

Was hier sonst noch geschah? Heinrich III. ist hier 1056 mit 39 Jahren »in Folge übermäßigen Genusses von Hirschleber« gestorben.

1289 brennt die Pfalz ab, die Kaiserzeit ist vorbei. Jetzt blüht die Stadt auf. Als freie Reichsstadt, verwaltet von

Bürgern. Und die fördern nicht nur Silber, Gold, Blei und Erz aus dem Rammelsberg, die verhütten und veredeln alles. Goslaer Metallhändler reisen bis Flandern und England. Um 1520 ist die Stadt auf dem Höhepunkt ihrer Wirtschaftsmacht angelangt. Um die 10000 Bürger wohnen schätzungsweise hier.

Die Pfalzruine wird immer wieder aufgebaut, aber dann doch wieder dem Verfall überlassen: Aus dem Kaisersaal wird eine Vorratskammer, aus der Pfalzkapelle das Stadtgefängnis. Am 20. April 1866 kauft die hannoversche Landesregierung die Pfalz für »1000 Thaler – als Nationaldenkmal«.

Zustand heute? Die Pfalz selbst dient als Tagungsstätte und Konzertsaal.

Und das Silber? Längst erschöpft. Selbst das historische Bergwerk wurde 1988 geschlossen.

Was befindet sich noch im Originalzustand? Der Thronsessel der Salier- und Staufenkaiser, entstanden um 1050, getragen von vier Säulen. Aus Stein, nur die Lehnen sind aus Bronze. 1815 kaufte ihn eine Witwe für 28 Gulden. 1820 erwarb ihn der Prinz von Preußen für 3000 Taler. 1871 diente er Wilhelm I. als Thronsessel bei der Eröffnung des Reichstags. Es gibt auf der ganzen Welt nur noch einen Stuhl dieser Art. Der steht im Dom zu Aachen.

Original ist auch noch der Sarkophag in der Ulrichskapelle. Seine Grabplatte zeigt Heinrich III., zu seinen Füßen ein schlafender Hund aus Stein. Im Grab, in einem vergoldeten Reliquienbehälter, das Herz des Kaisers: »Laßt mein Herz in Goslar!« hatte er angeordnet. Er starb am 5. Oktober 1056. Sein Herz sollte dort die letzte Ruhe finden, wo er sich wohl gefühlt hatte.

Heinrichs Leichnam wurde im Dom zu Speyer beigesetzt.

Übrigens: Die Buntglasfenster stammen aus der Nachkriegszeit. Die Vorgänger wurden während des Krieges beschädigt, als das Kaiserhaus als Magazin für Textilien und ostdeutsches Archivgut diente.

Besichtigungstips:

• Im Kaisersaal entstanden nach der Restaurierung 52 pompöse Gemälde von Prof. Hermann Wislicenus (1819-1897). Sie zeigen Schlüsselszenen deutscher Geschichte: angefangen mit »Karl der Große zerstört die Irminsäule« über »Reichstag zu Paderborn«, »Taufe Wittekinds«, »Entdeckung der Erze des Rammelsberges«, »Krönung Heinrichs II. in Rom«, »Bischofs-Investitur durch den Kaiser«, »Heinrich IV. in Canossa«, »Das Erwachen Barbarossas« (obwohl der doch der Sage nach immer noch im Kyffhäuser schlummert!) bis zu »Die Wiedererstehung des Deutschen Reiches 1871«. Es lohnt sich, vor jedem einzelnen Bild ein paar Minuten stehenzubleiben und sich zu erinnern, was (und wie) man einst in der Schule gelernt hat. So leicht wie hier war Geschichtsunterricht wohl nie.

• Andenkenläden: Fehlanzeige. An der Kasse kann man Postkarten und Führer kaufen.

• Genügend Souvenirshops findet man knapp fünf Minuten Fußweg entfernt: in der mittelalterlichen Altstadt, die am 14.12.1992 in die UNESCO-Liste des Kultur- und Naturerbes der Menschheit aufgenommen wurde.

Hier steht auch das »Brauhaus Goslar«, wo es selbstgebrautes Bier gibt.

Das schönste Foto fürs Familienalbum gelingt Ihnen vor den beiden Reiterfiguren im Park. Rechts Kaiser Barbarossa, links Wilhelm I.

Mehr Infos: 05321/704358.

Das Hambacher Schloß

30 000 Bürger demonstrierten hier für die deutsche Einheit

Um acht Uhr ging's los: »Hinauf Patrioten, zum Schloß! Zum Schloß!« rief Philipp Jakob Siebenpfeiffer, der elegante Ex-Beamte aus Homburg (1793–1845), und der Menschenzug setzte sich in Bewegung. Zuerst die Bürgergarde mit Musik, dann die »Frauen und Jungfrauen mit der polnischen Fahne«, die Festordner mit Schwarz-Rot-Gold-Schärpen, in der Mitte die deutsche Fahne mit der Inschrift »Deutschlands Wiedergeburt«.

Es war der Pfingstsonntag des Jahres 1832. Rund 30 000 Menschen kamen nach Hambach. Winzer, Handwerker, Hausfrauen, Journalisten, Juristen, Studenten. Nationale, liberale, republikanische Gruppen. Aus Baden, Württemberg, Bayern, Polen und Paris. Zu Fuß. Sie wollten hier für die Einheit Deutschlands demonstrieren und für Presse- und Versammlungsfreiheit und eine liberale Verfassung. Es war die erste politische Massenversammlung in der deutschen Geschichte.

Sonnenschein, Glockenläuten, Böllerschüsse. Ein Zeitzeugenbericht: »Um neun Uhr ist der ganze Berg mit einem Gewühl von Menschen bedeckt: Kokardenbuben halten ihre Päckchen den Anstürmenden mit dem Rufe ›Es lebe die Freiheit‹ entgegen. Bier- und Weinwirte mit ihren Karren, Brot- und Wursthöckerinnen mit ihren Körben drängen sich durch die Menge; die schwärmerischen Töne der Drehorgel accompagnieren den Gesang.« Es herrscht Hochstimmung.

Oben angelangt, hißten die Demonstranten als erstes die Fahne auf den höchsten Turm. Dann begannen die Reden: ohne Lautsprecher, aus voller Brust und ungemein leidenschaftlich. »Hoch lebe jedes Volk, das seine Ketten bricht/ und mit uns den Bund der Freiheit schwört!/ Vaterland – Volkshoheit – Völkerbund hoch!«

Was für ein Pathos! Unerträglich – aber nur für uns, für die Nationalismus so negativ besetzt ist. Wer damals »einig Vaterland« heraufbeschwor, war ein Held. Und ein Visionär.

Im inneren Burgring standen 16 Tische mit je 160 Gedecken. Die Demonstration wurde als Volksfest getarnt, da rein politische Kundgebungen verboten waren. Dennoch »gab es durchaus keine Exzesse, weder betrunkene Tobsucht noch pöbelhafte Roheit«.

Wer hat die Kundgebung organisiert? Besagter Dr. Siebenpfeiffer und Johann Georg August Wirth (aus München, 1798–1848). Zwei Politjournalisten. Und wie – ohne Telefon, ohne Fax? Mit einem Zeitungsartikel.

Warum ausgerechnet hier? Die Pfalz orientierte sich stärker als andere deutsche Gegenden an Frankreich, an Paris, wo 1830 die Bourbonen vom französischen Thron vertrieben worden waren. Außerdem kamen in die Pfalz Scharen polnischer Flüchtlinge, polnischer Nationalisten – Opfer der russischen Unterdrückung. Und seit 1829 durften die Pfälzer ihren Wein nicht mehr zollfrei rheinabwärts ausführen. Die Lage in der Pfalz war explosiv.

Ein denkwürdiger Tag, keine Frage. Andererseits

kam bei all dem Reden, Trinken, Applaudieren und Hochjubeln nicht viel heraus. Deutschland blieb zersplittert. Erst 1848 wurden die patriotischen Ideale in die Tat umgesetzt – in der Frankfurter Paulskirche. Und erst 1871 kam die deutsche Einheit.

Die Folgen? Österreichs Staatskanzler Metternich empört sich über »den Haufen überspannter Köpfe«. Mit ihm die preußische und russische Regierung. Sie intervenieren in Bayern (die Pfalz gehörte damals zu Bayern). Bayerische Truppen rücken in die Pfalz, die Pressefreiheit wird eingeschränkt, die Polizeiaufsicht verstärkt, die Anstifter werden im Sommer 1833 vor ein Schwurgericht in Landau gestellt – und freigesprochen (!).

Daraufhin verurteilt sie ein Zuchtpolizei-Gericht – wegen »Beleidigung in- und ausländischer Behörden« – zur Höchststrafe von zwei Jahren. Siebenpfeiffer flieht (aus dem Gefängnis) in die Schweiz, wird Uniprofessor in Bern.

Wo steht das Schloß? An der Weinstraße, bei Neustadt. Seit wann? Erbaut wurde die Reichsfeste um 1000 auf einem Berg, umgeben von Kastanien – daher nannte man sie im Volksmund »Kästenburg«. Später erhielt sie der Bischof von Speyer. Im Bauernkrieg (1525) wurde sie verwüstet. 1823 ersteigerten 16 Neustädter Bürger die Ruine für 625 Gulden – um hier die Wanderer zu verköstigen. Sie waren es, die diese Kundgebung ermöglichten.

Was hier sonst noch passierte? 1842 haben die königstreuen Pfälzer die Ruine (ironischerweise) dem Kronprinzen Maximilian zur Hochzeit geschenkt. Die Gemeinde Hambach gibt es nicht mehr, sie ist nun ein Ortsteil von Neustadt.

Was ist noch im Originalzustand? Die Turmmauern aus dem 14. Jahrhundert. Die Originalfahne der Patrioten im Landtag von Rheinland-Pfalz.

Besichtigungstips:

• Im Festsaal (mit den unverputzten Mauersteinen) einmal zur Decke schauen – sie ist 9,50 Meter hoch.
• Im Wirth-Saal gibt es eine Dauerausstellung mit Fahnen, Pfeifenköpfen und den berühmten Schürzen (mit blauer Ruine auf weißem Tuch), die 1832 die Hambacherinnen im Festzug trugen.
• Eine äußerst instruktive Dia-Tonbildschau dauert 30 Minuten.
• Ab Hauptbahnhof Neustadt fährt ein Linienbus zum Schloß.

Das schönste Foto fürs Familienalbum gelingt vom Parkplatz unter dem Schloß aus.

Mehr Infos: 0 63 22/96 13 28.

Das Heidelberger Schloß

Und als es vernichtet wurde, ließ der König Gedenkmünzen schlagen

Jeder träumt einmal vom Paradies. Von einer Ideallandschaft, in der man für immer leben möchte. Dort, wo – fern des komplizierten Alltags – die Liebe blüht. Auch der junge Goethe hatte diesen Traum. Und er schrieb ihn auf: Ein Berg gehörte dazu, ein Fluß, eine Brücke und eine Ruine. Jahre später fand er diesen Ort. In Heidelberg. Siebenmal war er da. Und nach ihm kamen die Touristen. 3,5 Millionen jährlich.

Die meisten sind hier, um »good old Germany« zu fotografieren. Was knipsen sie nun? Das Stadtpanorama? Den Marktplatz mit der Heiliggeistkirche, die älteste deutsche Universität mit ihrem Glockenturm, die Alte Brücke mit ihrem mittelalterlichen Brückentor? Nein, nein. Sie fotografieren die Schloßruine aus rotem Sandstein hoch über dem Neckar, die wir den Franzosen zu verdanken haben: In der Nacht vom 1. zum 2. März 1689 erschreckte eine gewaltige Detonation die ganze Stadt. Die Kinder schrien, die Mütter zerrten sie aus den bebenden Mauern. Dann wurde es still. Sie sahen den Himmel glühen, fingen zu beten an. Eine weitere Detonation. Erst jetzt merkten sie: Das Schloß stand in Flammen! Das prächtige Residenzschloß ihres Kurfürsten brannte.

Begonnen hat das ganze Unheil, als 1671 die hübsche und kluge Lieselotte von der Pfalz den Herzog von Orléans ehelicht. Sie ist die Schwester des Kurfürsten von der Pfalz, er der Bruder des französischen Königs Ludwig XIV. Eine jener üblichen praktischen Zweckehen. Sobald der Kurfürst gestorben ist, schickt der König seine Armee nach Heidelberg, um es als sein Erbe für sich (!) in Anspruch zu nehmen, und zwar im Namen seiner Schwägerin. Heidelberg soll französisch werden. Lieselotte protestiert, will das Schloß ihrer Kindheit retten.

Vergeblich! Sie kann den blutigen Erbstreit um ihre Heimat nicht verhindern. Hört der Sonnenkönig schon einmal auf Frauen, dann nur auf seine Kurtisanen, nie auf seine Schwägerin! Ludwig will diese reiche blühende Stadt! Sein General Ezechiel de Melac erhält die Order, den Stammsitz der widerspenstigen Pfälzer zu vernichten. Seine »Mineteure« unterhöhlen das Schloß mit Pulverladungen, die Schloßdächer werden mit Pechkränzen garniert und angezündet. Der dicke Turm mit dem Theater- und Festsaal bricht auseinander, die Brücke stürzt in den Neckar.

Das Schloß ist verwüstet, aber nicht restlos zerstört! Das betrachtet der König als »eine Schmach«. Melac muß den von ihm angerichteten Schaden in Ordnung bringen. Er sprengt 1693 das Schloß zum zweiten Mal. Diesmal gründlich. In Paris feiert Ludwig XIV. die Vernichtung mit einer Messe in der Kirche Notre Dame. Außerdem läßt er aus diesem freudigen Anlaß Gedenkmünzen schlagen.

Seit wann gibt es das Schloß? Es wird erstmals 1225 urkundlich erwähnt, als Festung. Später baut man es zu einer bequemen Wohnresidenz aus. Der Wein gedeiht, die Künstler kommen. 1386 gründet Kurfürst Ruprecht I. von der Pfalz eine Universität, die dritte Gründung im damaligen Deutschen Reich (nach Prag und Wien), deren unterirdischer Studentenkarzer (Strafzelle) noch 1918 in Betrieb ist.

Die Ruine? Schöner und viel romantischer als der einstige wuchtige Renaissancepalast. Ein paar Treppen, die nirgendwohin führen. Fassaden mir Fenstern, hinter denen es keine Zimmer gibt. Efeuumrankte Türme, verwitterte Zinnen: ein idealer Ort für Dichter, Romantiker und Verliebte!

Der Komponist Robert Schumann bringt vor Begeisterung nur wohlklingende Sprachfetzen zustande: »… das schlummernde Heidelberg – schöne Stimmung – Sehnsucht nach dem Ideal – der duftende Jasmin – die auffahrende Nachtigall – die stummen Ruinen – der verhüllte Mond.«

Der Dichter Friedrich Hölderlin schwärmt: »Lange lieb ich dich schon, möchte dich, mir zur Lust, Mutter nennen.«

Auch der trinkfeste US-Kult-Poet Charles Bukowski (1920–1994, *Kaputt in Hollywood*) war hier. 1978, als Tourist. Er schickte eine Postkarte an seinen Verleger: »Wir brachten das Schloß hinter uns und hatten Glück, weil es dort eine Kneipe mit dem größten Weinfaß der Welt gibt.« Tja.

Und wer hat sein Herz in Heidelberg verloren? Viele. Zum Beispiel Goethe an das Fräulein Marianne von Willemer, Anno 1815. Noch 1832, in seinem Todesjahr, schreibt er ihr schwärmerisch: »Heidelberg wiederzusehen, muß ganz wunderbar sein, nur daran zu denken, bringt mich in einen ganz eigenen Zustand.«

Was ist noch im Originalzustand? Der Ausblick!

Und im Keller – das größte Weinfaß der Welt: 8,5 Meter lang, aus 130 Eichenstämmen. Es faßt 221 726 Liter. Ein Geschenk des Kurfürsten Karl Philipp (1651–1685) an seinen Hofnarren, den rothaarigen Zwerg Klemens Perkeo! Glaubt man der Legende, ist Klemens gestorben, nachdem er ein einziges Mal ein Glas Wasser statt Wein getrunken hat. Sein übliches Tagespensum? 18 Flaschen.

Besichtigungstips:

• Verlaufen Sie sich. Entdecken Sie Ecken, die nicht überlaufen sind.

• Der Apothekenturm (in der Mitte der Ostmauer) beherbergte einst die Schloßapotheke. Der Glockenturm (in der Nordostecke) war das Wahrzeichen der Schloßanlage.

• Den Pfälzischen Garten an der Ostflanke des Schlosses nicht vergessen: angelegt im Stil des Manierismus, eine der bedeutendsten Gartenschöpfungen des 17. Jahrhunderts. Mit Brunnenanlagen, rechtwinkligen und runden Beeten, Labyrinthen. Selbst Goethe lustwandelte hier mit Fräulein Marianne und nahm zwei Blätter vom Ginko-Baum mit, eins fürs Fräulein, das zweite für sich – »da diese Blätter in Herzform, zweigeteilt und doch an einem Stiehl, das Symbol der Liebe sind«.

• Empfehlenswert: die Neue Universität mit dem Hexenturm aus dem 13. Jahrhundert, das Rathaus mit dem Glockenspiel und – flanieren Sie doch einmal auf dem Philosophenweg am anderen Neckarufer.

Das schönste Foto fürs Familienalbum entsteht von der Alten Brücke aus. Aber es gibt auch unzählige stille Ecken in der Ruine selbst, die hier oben Stimmung vermitteln.

Mehr Infos: 06221/142211.

Das Hermannsdenkmal im Teutoburger Wald

Das Werk eines einzigen Mannes

Wie eine Faust steht er da, umgeben von Bergen und Wäldern. Hier, wo er einst so glorreich die Römer besiegte – Hermann der Cherusker. Jener Germane, den die deutschen Dichter in mehr als 300 Werken bejubeln. Als Befreier Deutschlands. Als Gründer der Nation.

Und sein Denkmal? Das Werk eines einzigen Mannes. Nein, er hat es nicht nur selbst auf dem Papier entworfen, hat nicht nur das Geld dafür zusammengetrommelt. Er hat es auch noch eigenhändig geschmiedet. Er war 62 (!), als er das Handwerk des Kupferschmiedes erlernt, um die Feinarbeiten selbst ausführen zu können – der Architekt und Bildhauer Ernst von Bandel (1800–1876). Ein Besessener.

Mit 18 Jahren hat er Hermann, den Ur-Germanen, erstmals skizziert. Ein Jahr nach der Vollendung seines Werkes ist er gestorben. Da war er 76.

Schon als Kind spürte er den »Drang, etwas Unvergängliches für die Heimat zu bauen«. Seit 1837 wohnte er in einer Blockhütte am Bergfuß, holte Wasser aus einem Waldbrunnen, erarbeitete seine Entwürfe bei Kerzenlicht. Am 15.09.1852 schreibt er: »Wenn's auf mich käme, so lebte ich von Schwarzbrot und rohen Rüben, wenn ich dadurch das Denkmal vollenden könnte!«

Als 1873 seine Frau zu ihm auf den Berg zog, stifteten die Detmolder dem alten Ehepaar einen Kanonenofen, ein paar Teppiche und einen bequemen Sessel. Er hat seinem Projekt sein gesamtes Vermögen geopfert: 40 000 Taler. Gekostet hat das Denkmal 90 000 Taler.

Ein Held – wie Hermann. Allein gegen viele. Er schreibt: »Mögen die Deutschen … so zusammenhalten, wie diese Steine zum Ganzen gefügt, möge das in die Lüfte erhobene Schwert ein frohes Sinnbild unserer freien Stärke sein, mögen die Zeiten nie kommen, in der Deutsche es nur mit Betrübnis ansehen können.«

Das Hermannsdenkmal im Teutoburger Wald. Allein die Figur ist 26 Meter hoch: ein wuchtiges Ungetüm. Pompös, militaristisch, komisch. Wir tun uns schwer damit – wie mit den meisten Nationaldenkmälern der Kaiserzeit. Weil wir einfach nicht mehr imstande sind, die Sehnsucht unserer Vorfahren nach einer nationalen Einheit und Identität zu begreifen.

Sie sehnten sich danach, *ein* Land zu haben – wie die Engländer oder Franzosen. Und wer war der Schirmherr dieser Sehnsucht? Hermann.

Wer war Hermann? Ein Germane, genauer gesagt: Fürst der Cherusker. Die Cherusker waren ein Stamm wie die Friesen, Sachsen, Langobarden, Markomannen, Vandalen.

Mehr wissen wir über ihn nicht. War er blondgelockt, blauäugig? Das hätte nicht einmal Tacitus (55–116 n. Chr.) beantworten können, der römische Geschichtsschreiber, der in seinem Buch über Germanien *(De origine et situ Germanorum)* von Hermanns Sieg über die Römer berichtet.

Es muß eine furchtbare Schlacht gewesen sein. Im

Teutoburger Wald. Sie fand im Jahre 9 n. Chr. bei Sturm und Regen statt. Arminius (so heißt Hermann auf lateinisch) war 26 Jahre alt und hat das komplette römische Besatzungsheer vernichtet: drei Legionen, 10 000 Soldaten. In nur drei Tagen! Denn es war ihm gelungen, die zerstrittenen Stämme zu sammeln und zu bündeln, ohne eine Hierarchie einzuführen. (Wohl bemerkt: Unsere föderalistische Verfassung tut ja auch nicht anderes!)

Nur – wie kam es überhaupt zu dieser schicksalsträchtigen Schlacht? Im Grunde genommen wegen Steuern. Nachdem Germanien erobert und besetzt worden war, sollte es eine römische Provinz wie jede andere werden. Im Klartext: Es hätte sich der römischen Justiz und dem Steuersystem fügen müssen. Mit den Justizbeamten kann man »handeln«, mit den Steuereintreibern nicht. Und außerdem kennen die Germanen Steuern überhaupt nicht. Sie empfinden es als Unrecht, ihr gutes Geld an ausländische Herren abgeben zu müssen, weigern sich, zu zahlen.

Rom schickt einen neuen ungeschickten Statthalter. Die Lage spitzt sich zu, Hermann wird zum Sprecher der »Rebellen«. Publius Quintilius Varus (um 46 v. Chr. – 9 n. Chr.), der Statthalter, begeht einen fatalen Fehler: Er hält Hermann für eine stürmischen, ehrgeizigen jungen Offizier, der lediglich seine persönliche Machtstellung ausbauen möchte.

Noch während der Schlacht erkennt der römische Feldherr Varus, daß er weit mehr verloren hat als Roms Elitetruppen. Die Niederlage wird zu einer Reichskatastrophe. Er stürzt sich in sein Schwert. Harakiri, römisch. Und sein Kaiser Augustus (sagt man) schreit, von Alpträumen gequält: »Varus, gib mir meine Legionen wieder.«

Hermann, der Sieger, wird zwölf Jahre später bei einem Palastputsch von seinen eigenen Verwandten ermordet, die bereit sind, ihn zu opfern, um selbst an die Macht zu kommen, und die Rom für diesen Meuchelmord bezahlt hat.

Wo steht das Denkmal? In Nordrhein-Westfalen, bei Detmold. In 386 Metern Höhe, auf einer massiven Kuppel. Ein Standbild aus Stein und Kupferplatten. 53,44 Meter hoch. Mit der erhobenen Rechten reckt Hermann ein sieben Meter langes Schwert. Die Inschrift. »Deutschlands Einigkeit meine Stärke, meine Stärke Deutschland Macht«. Die Einheimischen behaupten, daß Hermann nachts heimlich den Arm wechselt, damit der ihm nicht einschläft! Das Schwert wiegt schließlich elf Zentner!

Wie ist das Denkmal entstanden? In 38 Baujahren, die an seinem Schöpfer Ernst von Bandel vorbeigezogen sind: Revolutionen, technischer Fortschritt, ewige Geldknappheit. In seiner Not wendet er sich an die Klassenbesten von 300 Schulen in ganz Deutschland mit der Bitte um Spenden. Und sie schicken Geld. Nicht viel, aber selbst dann noch, als sie keine Schüler mehr sind – und er immer noch von Finanzsorgen geplagt wird.

Am 18. Januar 1871 wird König Wilhelm I. in Versailles zum deutschen Kaiser gekrönt, am 16. April 1871 in Berlin die Reichsverfassung angenommen – die Geburtsstunde Deutschlands. Der Reichstag spendet 10 000 Taler.

Seit wann gibt es dieses Denkmal? Am 16. August 1875 war die Einweihung. Und eine Bronzetafel vor dem

Denkmal erinnert heute noch: »Hier stand der Kaiser!«
Was hier sonst noch passierte? Hier wurden Hinden-
burgs Siege an der Ostfront im Ersten Weltkrieg gefeiert. Hitler war auch da (1926). Die Umweltorganisation
Robin Wood besetzte es und entrollte das Transparent
»Der Wald stirbt weiter«. Die Mitglieder der IG Bau
besetzten es, um gegen die Streichung des Schlecht-
wettergeldes zu protestieren (Dezember 1993). Und es
kommen über 1,5 Millionen Touristen jährlich. Nationale Traditionen und gute Luft – was will man mehr?

Besichtigungstips:

• Konzentrieren Sie sich für eine Weile auf Hermanns
Kopf: Wie schick ist sein gekräuselter Bart. Die scharf
geschnittene Nase. Und erst der Helm, mit zwei Erzen-
gelflügeln! Es gibt ein Foto, das Ernst von Bandel und
diesen Kopf zeigt. Der Meister reicht seinem Helden
nicht einmal bis unter die Nasenspitze!
• Ein Muß: Die Waldhütte, in der von Bandel während
der letzten Jahre neben seinem Bauwerk lebte. Hier stehen noch sein Bett, Tisch und Stuhl: stille Zeugen einer
glühenden Leidenschaft.
• Im Filmsaal des Informationshauses wird stündlich ein
Dokumentarfilm vorgeführt (20 Minuten, kostenlos).

Der beste Platz fürs Familienalbumfoto: auf den breiten
Stufen vor dem Podest. Oder: rund um Hermanns
mannshohen Gipsabdruck (bitte nicht berühren!).

Mehr Infos: 05231/88085.

Die Basilika St. Michael in Hildesheim

Die Inschrift auf seinem Sarkophag meißelte der Bischof selbst

Um die Jahrtausendwende packte die Menschen eine heftige Weltuntergangsstimmung. Es herrschte Angst, denn das Ende der Welt war nah (glaubte man). Die Menschen strömten in die Kirchen, zitterten vor Furcht und warteten darauf, daß die sieben Engel mit ihren Trompeten das Jüngste Gericht ankündigen. Es gab nur ein kleines Problem – die Zeitrechnung. Man war sich nicht einig, wann genau die schicksalhafte Wende eintreten würde. Es könnte zwischen 979 und 1033 passieren.

Die Prediger störte es kaum. Immer öfter wählten sie die *Offenbarung des Johannes*, die Apokalypse, zum Thema ihrer feurigen Ansprachen: »Und ich sah, und siehe, ein fahles Pferd, und der auf ihm saß, des Namen ist ›der Tod‹ … es wurde ihm Macht gegeben … zu töten, durch Schwert, Hunger und Pest und durch die wilden Tiere der Erde … und es entstand ein gewaltiges Beben; die Sonne wurde schwarz wie ein härener Sack und der ganze Mond wurde wie Blut…denn gekommen ist der größte Tag ihres Zorns. Wer kann da bestehen?« Einer wollte es unbedingt. Er nannte sich »Knecht der Knechte Christi«. Ein frommer Mann. Und einer der mächtigsten Kirchenfürsten dieser Zeit: Bischof Bernward von Hildesheim. Der Stifter der St. Michaelskirche in Hildesheim – sie war das imposanteste Gotteshaus jener Epoche, in der die sächsischen Kaiser und ihr Heiliges Römisches Reich Deutscher Nation das Reich der Fränkischen Karolinger ablösten, also jener drei Jahrhunderte, in denen das Fundament unserer abendländischen Kultur gelegt wurde. Mit ihren beiden geistigen Sockeln – dem Kaiser und dem Papst. Dem Universalherrscher und der Universalkirche. Ohne diesen Mann wäre Hildesheim niemals zu jener Stadt geworden, die heute noch verzaubert, und u. a. der Sitz des größten Bistums Deutschlands ist.

Bernwards Basilika war von Anfang an mehr als eine Kirche – sie war und ist eine Gottesburg. Drei Schiffe, zwei Chöre, vier Treppentürme. Und überall diskrete Symbole. Ein Beispiel: Neun ist die Zahl der himmlischen Heerscharen – neun Emporen ließ Bernward errichten. Ein Bauwerk aus einem Guß, das Sittlichkeit und Würde ausstrahlt. Es ist ja auch entstanden, um den rohen, zügellosen Sitten des weltlichen Adels bewußt das Bild der christlichen Gemeinschaft entgegenzusetzen. Das Gebet, die Zucht, den Gehorsam, die Meditation.

Dabei war es bei weitem nicht Bernwards einziges Projekt. Er stiftete das Benediktinerkloster St. Michael, das erste Mönchskloster im Bistum Hildesheim (dem er das Kostbarste gab, was er besaß: ein echtes Stück vom Kreuz Christi: eine Reliquie, Geschenk von Kaiser Otto III.). Er gründete und leitete die Hildesheimer Werkstätten, in denen Handschriften mit Buchmalereien versehen wurden (die einst so kostbar gewesen sind, daß man sie mit Eisenketten an den Regalen befestigen

mußte, um sie vor Dieben zu schützen). Er ließ Schutz-
burgen und Wehrtürme errichten, um sein Bistum vor
den Einfällen der Normannen zu sichern. Und er machte die Domschule zu einer Elitestätte im jungen
Deutschland.

Wer war Bernward? Um 960 geboren. »Aus adeligem
Blute«, wißbegierig und außergewöhnlich talentiert. So
erlebte ihn wenigstens sein Mäzen Thangmar, ein Lehrer an der renommierten Hildesheimer Domschule:
»Im Schreiben glänzte er besonders, die Malerei übte er
mit großer Feinheit, er war ausgezeichnet in der Kunst,
Metalle zu bearbeiten, edle Steine zu fassen und interessierte sich ebenso für Mathematik wie für Architektur.«

Zu jener Zeit, als es noch keine Universitäten gab,
besaßen die Dom- bzw. Klosterschulen das Bildungs-
monopol. Unterrichtet wurde nach einem Lehrplan, den
man an der ersten deutschen Domschule in Metz Mitte
des 8. Jahrhunderts entwickelt hatte. Die Knaben
erlernten die Sieben Freien Künste: Grammatik, Dia-
lektik und Rhetorik (die drei sprachlichen Fächer)
sowie Arithmetik, Geometrie, Musik und Astronomie
(die vier mathematischen Fächer). Allerdings verließen
die meisten »höheren Söhne« die Schule schon nach
der Grammatik, um die ritterlichen Künste zu studieren: Reiten, Schwimmen, Bogenschießen, Fechten,
Jagen, Schachspiel und Dichtkunst (die sogenannten
Sieben Frömmigkeiten).

Bernward absolviert sein Studium mit Bravour. Und
keiner zweifelt daran, daß er für eine große (kirchliche)
Karriere vorbestimmt ist. Bereits 980 begleitet er Kaiser
Otto II. nach Rom. Nach Ottos plötzlichem Tod

bestimmt die hochgebildete Kaiserinwitwe Theophanu Bernward zum Erzieher ihres Sohnes, des Thronfolgers Otto III. Als Prinzenlehrer reist er mit der Familie quer durch das ganze Reich, kann endlich die Theorie mit der Praxis vergleichen, legt (falls er es je hatte) Provinzdenken ab. Sein Ruhm wächst. Als Berater von Otto III. Beeinflußt er die Geschichte des Reiches. 993 wird er zum Bischof von Hildesheim gewählt. Er muß damals etwa 30 Jahre alt gewesen sein. Das exakte Geburtsdatum kennt keiner. Die drei Jahrzehnte, die Bernward in Hildesheim wirkt, werden eine Zeit von unvergleichlicher Blüte.

Gestorben ist er am 20. November 1022. Neun Tage zuvor hatte er die Mitra, den Krummstab, das Prachtgewand – die Insignien seiner Macht – abgelegt. Dann bat er um die schlichte Kutte der Benediktiner. Er wollte bescheiden vor seinen himmlischen Herrn treten, bar aller Dinge, die ablenken.

Auf die Steinplatte, mit der seine Grabkammer verschlossen wurde, hatte er folgende Worte gemeißelt: »Teil eines Menschen war ich: Bernward. Jetzt bin ich bedrückt durch die Härte des Sarges – nichts als verächtlicher Staub. Weh! Der Pflicht des erhabenen Amtes war ich nicht würdig. Der Seele aber sei der Frieden der Frommen gewährt. Singt mit das Amen dazu.« Er wurde nicht in der prächtigen Domkrypta begraben – wie es ihm als Bischof zugestanden hätte. Nein, sein Sarkophag steht in der Basilika St. Michael. In der Gruft seiner Gottesburg. Und es sind (die symbolischen) neun Engelsköpfe, die auf dem Sarkophag seine ewige Ruhe bewachen. 1192 wird er von Papst Coelestin II. heiliggesprochen. Als erster Sachse.

Wo steht die Abteikirche? Auf einem Hügel, inmitten einer Parkanlage, im Nordwesten der Stadt Hildesheim – gegründet 815 am Schnittpunkt uralter Handelswege. Heute erreicht man Hildesheim am einfachsten über die Autobahn Hamburg-Frankfurt/Main. Die Stadt liegt zwischen Hannover und Goslar.

Seit wann? Der Bau wurde 1010 unter Bernward begonnen, unter seinem Nachfolger Godehard 1033 fertiggestellt.

Was hier sonst noch passierte? Bis 1803 gehörte die Klosterkirche den Benediktinern, seitdem ist sie evangelisch. Bis auf die Krypta: Das Nutzungsrecht für sie erwarb bereits 1803 eine katholische Gemeinde, die hier heute noch einmal in der Woche ihren Gottesdienst abhält.

Am 22. März 1945 wird St. Michael (wie fast die ganze Stadt) durch Brandbomben zerstört. Die Kirche brennt bis auf die Kellergewölbe ab. Die Frage: Was nun – eine ganz neue Kirche auf den alten Platz bauen? Und wie soll die dann aussehen? Man entschied sich, die Kirche so wiederaufzubauen, wie sie einmal gewesen war. Dabei ging es nicht um die Rettung wertvoller Denkmäler, vielmehr um das Selbstverständnis dieser Stadt, zu deren Wahrzeichen sie gehört.

Und so wurde Bernwards romanische Basilika behutsam rekonstruiert. 1946 fanden die ersten Aufräumarbeiten statt, 1950 der erste Gottesdienst, 1960 war der Wiederaufbau vollendet.

Was ist noch im Originalzustand? Die bemalte hölzerne Decke des Mittelschiffs mit dem Stammbaum Christi aus dem 12. Jahrhundert, der Kreuzgang (um 1250) und Bernwards Sandstein-Sarkophag.

Besichtigungstips:

• Im Dom (wie St. Michael original wiederaufgebaut) finden Sie zwei Bronzegüsse, die in Bernwards Werkstätten entstanden sind: Bernwards Christussäule aus dem Jahr 1020 (3,60 Meter hoch und 140 Zentner schwer). Sie zeigt die wichtigsten Bibelszenen. Und eine monumentale Bronzetür (4,72 Meter hoch) aus dem Jahr 1015. Das mächtige Taufbecken entstand um 1225, die Azelin- und Heziloleuchter um 1050.

• Ganz wichtig: Im Domhof blüht ein tausendjähriger Rosenstock, der – obwohl 1945 verbrannt – noch im gleichen Jahr wieder (ein Wunder?!) blüht. Sogar die Brüder Grimm waren von seinem Duft so beeindruckt, daß sie die »Rosen-Legende« in ihre Märchensammlung aufgenommen haben. Ob die Rosen hier wirklich schon seit zehn Jahrhunderten duften? Nun, Experten glauben, daß die blaßrosa Wildrose rund 300 Jahre alt ist. Und die Hildesheimer glauben, daß ihre Stadt nicht untergehen wird, solange die Rose im Domhof gedeiht.

• Vergessen Sie nicht, das Roemer-Pelizaeus-Museum zu besuchen. Es verfügt über eine der schönsten ägyptischen Sammlungen der Welt (ganz besonders »hübsch«: der rund 4500 Jahre alte dicke »Prinz« Hem-On, den Thomas Mann in seinem Roman *Joseph und seine Brüder* beschrieben hat).

• Auch noch gut zu wissen: Der Kirchturm von St. Andreas ist mit 114,5 Metern der höchste von ganz Niedersachsen!

Das schönste Foto fürs Familienalbum sollten Sie direkt vor dem Haupteingang schießen.

Mehr Infos: Verkehrsverein Hildesheim 0 51 21/1 59 95; Pfarramt 3 44 10.

Die Burg Hohenzollern

Preußens Glanz und Gloria in der
schwäbischen Provinz

16. August 1991. Ein milder, sonniger Spätsommertag.
Die Soldaten des Bonner Wachbataillons sind bereits
vormittags eingetroffen. Jetzt bilden sie in ihren Para-
deuniformen ein Ehrenspalier vom Burgtor bis zur
evangelischen Christuskapelle. Hier stehen – mit der
schwarzweißen Preußenfahne bedeckt – die Särge der
beiden größten Preußenkönige: von Friedrich Wilhelm I.
und Friedrich dem Großen.

Pünktlich um 18.05 Uhr stellen sich zwei mal vier
Stabsoffiziere zur Ehrenwache auf. Einer von ihnen ist
Fregattenkapitän Prinz Meinrad von Hohenzollern. Es
sind seine Ahnen, denen er hier die letzte Ehre erweist,
auf der Stammburg seines Hauses: Burg Hohenzollern
bei Hechingen.

Hinter den Särgen versammeln sich rund 30 Famili-
enangehörige. An der Spitze der Chef des Hauses, Prinz
Louis Ferdinand, seine drei Söhne und Prinz Georg
Friedrich, sein Enkel und designierter Nachfolger.

Die Hechinger Stadtkapelle spielt den Hohenfried-
berger Marsch. Der Stuttgarter Wehrbereichsdekan
betet, erteilt seinen Segen. Dann erklingt der »Friederi-
cus-Rex-Gedenkmarsch«, den Prinz Louis Ferdinand
für diesen Anlaß komponiert hat. Die Särge werden auf

zwei Bundeswehrunimogs aufgeladen. Punkt 18.23 Uhr verläßt der historische Sonderzug den Bahnhof von Hechingen: eine Dampflok mit dem Kronprinzenwagen und einem Gepäckwaggon mit den beiden Särgen.

Am 17. August Punkt 11 Uhr läuft der Zug in Potsdam ein, erwartet von einem Musikkorps der Bundeswehr. Um Schlag Mitternacht senkt sich der erste Sarg in die Gruft des Schlosses Sanssouci. Friedrich der Große ist an jenen Ort zurückgekehrt, den er erbauen ließ, den er liebte. Hier, in Potsdam, wollte er begraben sein, hier ist er vor 205 Jahren gestorben. Am 17. August 1785.

Die Burg Hohenzollern. Mächtig wie die Preußen unter Friedrich. Nur – gesehen hat der Alte Fritz sie nie, denn sie wurde erbaut, als er schon längst das Zeitliche gesegnet hatte, und zwar auf Wunsch des Kronprinzen Friedrich Wilhelm von Preußen. Er besuchte diesen Ort anno 1819, gerade 23 Jahre alt und unterwegs nach Italien. Die übliche Bildungsreise. Er unterbricht sie, möchte seinen Familienstammsitz kennenlernen, erklimmt den kleinen Berg. Und was findet er auf dem Gipfel? Von wegen mächtige Mauern. Ruinen. Von Wehmut übermannt, beschließt er, die Burg wiederaufzubauen. Später, als König, schreibt er: »Die Erinnerung vom J. 19 ist mir ungemein lieblich und wie ein schöner Traum, zumal der Sonnenuntergang.«

Der Wiederaufbau war eine staatsmännische, aber vor allem eine romantische Entscheidung. Neu entstehen soll eine Kernburg deutscher Nation.

Nach 14 Baujahren schmückte den Berggipfel über der Schwäbischen Alb eine Märchenburg: neun neugotische Türme, prächtige Wehranlagen, Türmchen, Zinnen, Schießscharten, steile Dächer, Mauern ohne Putz, hohe Giebeln, 85 Säle. Die Stammburg der preußischen Könige, Preußens Stolz. Errichtet auf den Ruinen der ursprünglichen Burg aus dem II. Jahrhundert, eingeweiht 1867 von König Wilhelm I. Und doch hat hier bis 1945 keine einziger Hohenzoller gewohnt. Geschweige denn von hier aus regiert. Der Grund? Ihre geographische Provinzlage.

Ihr Daseinszweck? Ein dynastisches Denkmal zu sein – für Touristen.

Wo steht sie? 60 km südlich von Stuttgart, auf dem Zollerberg (855 Meter).

Seit wann? Die heutige Burg wurde am 3. Oktober 1867 eingeweiht. Die allererste wird bereits 1065 erwähnt, das Geschlecht der Zollern vier Jahre früher, 1061. Woher die Zollern (die sich erst später das prestigeträchtige »Hohen« zulegten) stammen, läßt sich nicht genau sagen. Aber als Adelsgeschlecht werden sie erstmals anno 1061 im Zusammenhang mit zwei Morden genannt: »Burchardus et Wezil de Zolorin…wurden erschlagen« heißt es kurz und bündig in der Chronik, die ein gewisser Berthold von Reichenau aufgeschrieben hat.

Die Teilung des Hauses in die Zweige Haigerloch, Hechingen und Sigmaringen geht auf Karl I. zurück: er teilte 1576 sein Herrschaftsgebiet unter seinen drei Söhnen auf. Später entstammen dieser Dynastie die preußischen Könige und drei Kaiser.

Was hier sonst noch passierte? 1856 wurde hier eine Wachkompanie stationiert, ab Oktober 1913 bis 1919 nur noch ein Wachkommando. Ein Wohnsitz sollte diese Burg nie werden.

Die politischen Verhältnisse Ende des Zweiten Weltkrieges änderten die Sachlage. Plötzlich brauchte man die Burg. Der letzte deutsche und preußische Kronprinz Wilhelm zog 1945 ein. Als Chef des Adelsgeschlechts bewohnte ab 1951 Prinz Louis Ferdinand von Preußen (1907–1994) die Burg und öffnete den Familienstammsitz der Öffentlichkeit.

Er war ein Herrscher ohne Krone, geboren als Enkel des letzten deutschen Kaisers. 1931, als Hitlers Schatten über Deutschland fiel, schraubte er bei Ford in Amerika Autos zusammen. Seine Frau war die russische Großfürstin Kira, die beiden hatten sieben Kinder. Er nannte sich »Preuße, Deutscher und Europäer«, lebte in einem Walmdachhaus (140 Quadratmeter) bei Bremen.

1911 erschütterte ein Erdbeben den Neubau, 1970 das zweite, 1978 das dritte. Die Folge? Risse in Wänden und Türmen, das Kreuzrippengewölbe der Burgkapelle aus dem 15. Jahrhundert brach zusammen.

Heute sind die Erdbebenschäden beseitigt, die Ausstattung der Innenräume ist wahrhaftig prachtvoll.

Besichtigungstips:

• Genießen Sie den wohl schönsten Rundblick, den eine deutsche Burg zu bieten hat – vom Schwarzwald über die Universitätsstadt Tübingen bis zum Trauf der Schwäbischen Alb.

• Der Grafensaal der Burg erinnert an eine Kathedrale: Vergoldete Ornamente, geschwungenes Kreuzgewölbe, sechs Kronleuchter mit je 48 Kerzen. Marmorboden, frei stehende Säulen, gehauen aus einem Stück

Nassauer Marmor. Sie teilen den Raum in drei Schiffe. Zutritt nur mit Filzpantoffeln erlaubt.

• Unbedingt anschauen: die Schatzkammer. Gleich zu Beginn das Glanzstück der Sammlung – die preußische Königskrone.

Wie kamen die Hohenzollern eigentlich an den Thron? Das war so: Am 18. Januar 1701 wird der Kurfürst Friedrich III. von Brandenburg (1688–1713) zum König in Preußen gewählt und gekrönt. In Königsberg. Und er setzt sich die Krone selbst auf. Westpreußen gehört damals noch zu Polen. Erst als Friedrich der Große (1712–1786) dieses Gebiet zurückerobert, darf er sich König von Preußen nennen. Er trägt die Krone seines Großvaters. Dummerweise werden wir nie wissen, wie diese Krone ausgesehen hat, da die späteren Monarchen (sprich: Friedrichs Nachfahren) sie immer wieder umändern ließen.

Zum Beispiel Wilhelm II. Er gab eine Neufassung in Auftrag. Das Ergebnis? Hier zu sehen: Märchengerecht, wie die Burg. Das Gestell aus Gold, der umlaufende Reif sowie die acht Bügel mit kostbaren Diamanten geschmückt. Auf dem Reif sitzen tropfenförmige Perlen. Der Reichsapfel ist aus einem großen Saphir geschliffen, in den ein Kreuz aus Brillanten eingepaßt ist.

Was gibt es noch in der Schatzkammer? Die ellenlange silberblaue Schleppe der Königin Louise, die sie bei ihrem schicksalsträchtigen Treffen mit Napoleon getragen haben soll. Das Silbergeschirr, das einst Friedrichs Tafel in Sanssouci schmückte. Eine Abendmahlgarnitur, die Kette des Ordens vom Schwarzen Adler, die Wilhelm I. gehörte. Und Wilhelms goldene Kinderrassel, die ihm einst die Königin in die Wiege legte. Aber auch Adolph Menzels berühmtes Gemälde »Die Bittschrift«. Und mehrere Tabakdosen Friedrichs des Großen. Zu seiner Zeit gehörte der Preußenkönig zu den bedeutendsten Sammlern höchst luxuriöser Dosen. Rund 130 besaß er. Eine davon hat eine Bleikugel im Deckel. Er trug sie in der Schlacht von Kunersdorf bei sich – sie soll ihm das Leben gerettet haben.

• Die beiden Burgkapellen kann man mieten: die katholischen (entstanden 1454) und die evangelische (entstanden 1859). Der Preis? 250 Mark pro Hochzeit.

• Vom Parkplatz fährt ein Bus – oder Sie klettern zur Burg in 30 Minuten zu Fuß auf einem schmalen Waldweg hoch.

Das Erinnerungsfoto fürs Familienalbum schießen Sie am Burgplatz vor der rund 250 Jahre alten Kanone.

Mehr Infos: 0 74 71/24 28.

Der Kyffhäuser

Denkmal für den Rotbart und den Weißbart

Man sieht es von weitem – das größte Denkmal Deutschlands: der Kyffhäuser in Thüringen. An klaren Tagen kann man ihn gar vom Ettersberg bei Weimar sehen. Ein kantiger Steinturm mit einer Krone, 81 Meter hoch. Fest thront er über einem malerischen Zwei-Flüsse-Tal, dem »Kräutergärtlein«. Er erinnert an eine gigantische Schachfigur.

Ein Denkmal, das zwei deutschen Kaisern huldigt: Friedrich I. Barbarossa und Wilhelm I. dem »Rotbart« (1152–1189) aus dem Geschlecht der Staufer und dem »Weißbart« aus dem Hause Hohenzollern. In der Grundstein-Urkunde heißt es: »Auf dem Kyffhäuser, welchem nach der Sage Kaiser Friedrich der Rotbart der Erneuerung des Reiches harrte, soll Kaiser Wilhelm der Weißbart entstehen, der die Sage erfüllt hat.« 1871 als ein Einheitsdenkmal konzipiert, steht es nach 1989 wieder mitten in Deutschland.

Wer war Barbarossa? Der Mann, der den Landfrieden (d. h. Gerichte) einführte, 1155 in Rom zum Kaiser des Heiligen Römischen Reiches Deutscher Nation gekrönt wurde und – den Idealen des Rittertums und der höfischen Kultur zugeneigt – bis zu seinem Tod um die Ehre seines Reiches kämpfte. Und um seine Macht. Eine Idealgestalt, ein Traum von einem Ritter.

Er ertrank 1189 während eines Kreuzzugs ins Heilige Land in einem türkischen Fluß. Nach seinem Tod zerfällt sein »einig Vaterland« – die Zentralmacht, die er eingeführt und verkörpert hat. Das Chaos kehrt zurück. Und Faustrecht und Gewalt. Die Menschen sehnen sich nach seiner Rückkehr.

Die ersten Gerüchte gehen um: Barbarossa ist nicht ertrunken. Barbarossa lebt.

1421: Der Mönch Johannes Rothe berichtet in seiner *Thüringischen Chronik:* »Der Kaiser schlummert mit seiner Tochter im Berg (Kyffhäuser) … sein roter Bart ist um den goldenen Tisch gewachsen und reicht schon zweimal herum. Wenn er das dritte Mal herumreicht, wird er wieder heraufkommen, das Reich behaupten.«

Die Gerüchte verdichten sich zu einer Nationallegende. Und nun sitzt er da, auf einer Steinbank, die mächtigen Schultern mit einem Kaisermantel bedeckt. Die rechte Hand umfaßt ein Schwert, die halb geöffneten Augen in den sandsteinernen wallenden Rauschebart versenkt. Wach ist er (fast). Also – worauf wartet er noch?!? Oder kann Deutschland jetzt ohne seine Hilfe mit den Problemen fertig werden?

War Barbarossa jemals persönlich hier? Sicher ist das nicht. Aber er war es schließlich, der die halb zerfallene Reichsburgruine wiederherstellen ließ. Man vermutet, daß er den Kyffhäuser im Jahre 1174 besuchte, als er die Ostgrenze seines Reiches inspizierte.

Der zweite Kaiser – Wilhelm I. (1797–1888) – war seit 1871 der erste Herrscher des Zweiten deutschen Kaiserreichs. Nach seinem Tod übersäten die Deutschen ihr Land mit Wilhelm-Denkmälern, um jenem Mann zu danken, der ihnen zur Einheit verholfen hatte. Die meisten (auch diesen Kyffhäuser-Wilhelm) entwarf der Berliner Denkmal-Architekt Bruno Schmitz. Ein Mann mit Sinn fürs Pathos: Der Kaiser sitzt stolz zu Pferde, mit Backenbart und Pickelhaube, stets einsatzbereit. Übrigens: Die dramatisch wirkende Frau links symbolisiert die Geschichte, der stramme Mann rechts den Krieg.

Wo steht da Denkmal? In »weihevoller Abgeschiedenheit … nicht in die Mauern einer Stadt hineingezwängt« (so der Antrag auf den Denkmalbau); auf dem zweithöchsten Berg (457 Meter) des Kyffhäusergebirges, im Norden Thüringens. Ein magischer Berg. Schon die Germanen siedelten ihren höchsten Gott Wotan auf dem Kyffhäuser an.

Seit wann? Im Januar 1889 stimmt Fürst Georg von Schwarzburg-Rudolfstadt – dem dieses Nordthüringen gehört – dem Denkmalbau zu. Im September 1889 wird ein Wettbewerb ausgeschrieben, an dem sich alle deutschen Künstler beteiligen können. Bis zum Einsendetermin am 1. Juni 1890 liegen 24 Entwürfe vor. Im Oktober 1890 beginnen die bautechnischen Vorbereitungen, am 10. Mai 1892 wird der Grundstein gelegt. Ab sofort sind hier bis zu 400 Arbeiter beschäftigt. Am 18. Juni 1896 findet die Einweihungsfeier statt. Geplante Kosten: 850 000 Mark. Endkosten: 1,45 Millionen. Geld, das aus Spenden kam.

Was hier sonst noch passierte? Johann Wolfgang von Goethe war (natürlich!) da, als hier noch kein Denkmal stand, sondern die Ruine der alten Kyffhäuserburg. Die zeichnete er. Seine Schwiegertochter schrieb am 11. Juni 1830 an ihren Sohn, der im nahen Bad Frankenhause (wo 1525 Thomas Müntzer mit seinem aufständischen Bauernhaufen dem vereinigten Fürstenheer unterlag) zur Kur war: »Der Papa läßt dir sagen, Du möchtest ihm vom Kyffhäuser ein tüchtig Stück versteinertes Holz mitbringen.«

Auch Heinrich Heine kam, schrieb 1834: »Ich bin oft vorbeigekommen, rief wiederholentlich: ›Komm, Barbarossa, komm!‹, und das Herz brannt mir wie Feuer in der Brust!«

Was ist noch im Originalzustand? Der Burgbrunnen, der einst die Reichsburg mit Wasser versorgte – 176 Meter tief, der tiefste Brunnen Deutschlands (Wasserstand heute: neun Meter). Und die Wallfahrtskapelle »Zum heiligen Kreuz« (1433). Und die unterirdischen Hallen, Säle und Gewölbe aus der Kaiserzeit.

Besichtigungstips:

• Den Rundblick ins Thüringer Land genießen, er ist kaum zu überbieten. Und sich im zerklüfteten Vorhof ein bißchen verlaufen und stille Orte entdecken. So still, daß man das Gefühl nicht los wird: einmal niesen – und schon wacht Barbarossa aus seinem historischen Dämmerschlaf auf.

• Lustig, spannend, informativ: die Ausstellung »Kunst und Kitsch« in einem Nebenraum der Denkmalhalle. Mit Porzellanlöffeln & Co., aber auch Urkunden und Büchern, zu Kyffhäusers Baugeschichte.

• Und zum Schluß noch ein Gedicht: geschrieben 1817 von Friedrich Rückert, um die Jahrhundertwende ein Bestseller:

»Der alte Barbarossa,
Der Kaiser Friedrich.
Im unterird'schen Schlosse
Hält er verzaubert sich.

Er ist niemals gestorben,
Er lebt darin noch jetzt;
Er hat im Schloß verborgen,
Zum Schlaf sich hingesetzt.

Er hat hinabgeommen,
Des Reiches Herrlichkeit,
Und wird einst wiederkommen
Mit ihr zu seiner Zeit…

Er spricht im Schlaf zum Knaben:
Geh' hin vor's Schloß, o Zwerg,
Und sieh, ob noch die Raben
Herfliegen um den Berg.

Und wenn die alten Raben
Noch fliegen immerdar,
So muß ich auch noch schlafen,
Verzaubert hundert Jahr.«

Das schönste Foto fürs Familienalbum entsteht auf dem
Plateau vor dem ersten Denkmalsockel mit Blick auf die
beiden Kaiser.

Mehr Infos: 034671/3037.

Die St.-Martins-Kirche in Landshut

Der höchste Ziegelsteinturm der Welt

Unsere Ahnen, die noch fromm und gottesfürchtig waren, nannten diesen Turm »kühnstrebend«, aber auch »greulich hoch« oder »wolkendräuend«. Mit Recht. Denn dieser Turm aus Ziegelstein ist gewaltig. Selbst heute, im Zeitalter der Wolkenkratzer und Mondflüge.

Um seine Kühnheit zu erleben, sollten Sie sich vor dem gotischen Eingangsportal der Stadtpfarrkirche aufstellen. Und dann für ein paar Sekunden die Augen zumachen. Und dann schauen Sie nach oben, zur Turmspitze, die bis in die Wolken ragt. Ein Blick, der mit Ehrfurcht (was sind wir Menschen doch für Ameisen) und Stolz (dies ist ein Werk von Menschenhand) erfüllt.

130,6 Meter ist er hoch. 495 Treppen, aus Stein, aus Holz, führen hinauf. Durch Tageslicht und dunkle Gänge. An der Seite – ein dickes Seil zum Festhalten.

Die ersten hundert Treppen schafft man im Neugierderausch. Problemlos. Die nächsten zwei bis drei Dutzend – aus Sturheit. Und dann kommt der Punkt, wo man sich verlaufen könnte. Verlaufen? In einem Turm? Doch. Denn man klettert nicht im Turm selbst, der immer schmaler wird, sondern in den engen Seitentürmchen, die ihn flankieren. Um zu ihnen zu gelangen, muß man durch die Turmgeschosse, die mit Balken, Glocken, Uhren, Treträdern und Feuerlöschern gefüllt sind: bizarre Rumpelkammern.

Verlaufen könnte man sich, hinunterfallen aber nicht. Es gibt keine Maueröffnungen: ist man unterwegs, gibt's keine Außenwelt. Zuerst landet man auf dem Kirchenspeier über dem Kirchenschiff, das 1475 eingewölbt wurde. Aus dieser Zeit stammen die Tannen- und Kieferbalken, die das Speicherdach halten: 24 Meter lang und immer noch schädlingsfrei, denn sie wurden »mit der Axt behauen, im Wasser gedriftet, und nur bei einer bestimmten (geheimgehaltenen) Mondphase geschlagen«.

Im nächsten Stockwerk: die Sonnenuhr (ihr Stundenzeiger ist 3,5 Meter lang, der Minutenzeiger 4,8 Meter), die Monduhr, ihre mysteriösen Mechanismen und ein Tretrad (Durchmesser: 5,5 Meter), mit dem einst die Maurer das Baumaterial nach oben beförderten. Immer noch funktionstüchtig!

71 Meter über der Erde – die Glockenstube mit acht Glocken. Die sechs großen (genannt das große Geläut) werden elektrisch betrieben, die kleineren manuell. Es gibt Geschichten, die man über sie erzählen könnte. Jede von ihnen hat einen Namen: Die Propstglocke wiegt 7672 Kilo und wurde 1767 gegossen, die Dechanglocke aus dem Jahre 1766 5264 Kilo; die Pfarrglocke von 1767 3100 Kilo. Die älteste Aveglocke mit ihren 1120 Kilo stammt aus dem Jahr 1370.

Über den Glocken wohnte der Turmmeister. Sein Zimmer ist achteckig, hat acht Fenster und einen schönen »Reiterkachelofen«. Es war seine Pflicht, aus den Fenstern zu schauen, Wache zu halten, Gefahren zu melden: Brand, Überfall, Flut. Mit einer Trompete gab er Alarm, mit einem Sprechtrichter konnte er nach unten Anweisungen geben. Heute hätte man ihn nicht mehr gehört, unser Geräuschpegel ist für solche Alarmsignale schlicht zu hoch, unsere Welt zu laut.

In die Wände vor der Turmpyramide haben die Baumeister ihre Zeichen, Wappen, ja Selbstporträts eingraviert. Der eine hält einen Bierhumpen, der andere eine Meßlatte.

Oben, über den Dächern Landshuts angelangt, sieht man die Häuschen unter sich – aber man hört nichts. Bis auf den Wind. Bei Föhn kann man die Domtüre von Freising sehen. Und im Süden die Alpengletscher. Auf der Turmspitze ist ein goldenes, sechs Meter hohes Turmkreuz angebracht.

Erbaut wurde der Turm von den Landshuter Bürgern. Und man fragt sich: Warum bloß haben sie ihren Turm in diese Höhe gezogen? Damit sie den Wittelsbacher Herzögen, die oben auf ihrer Felsenburg Trausnitz residierten, Steuer kassierten und Feste feierten, »in die Suppe spucken konnten«, heißt es.

Errichtet wurde dieser Trotzturm in den Jahren 1389 bis 1500. Auf einem Rost von über 5 000 Tannenpfählen, die man dicht nebeneinander in den Schwemmgrund rammte. Das bedeutet, daß auf einem einzigen Quadratmeter seitdem eine Last von 100 Tonnen ruht. Erst nachdem die Isar reguliert und das Grundwasser gesenkt wurde, begannen die Holzpfähle zu verrotten. Und so stellte man das ganze Bauwerk während der Sanierungsarbeiten von 1989 bis 1991 auf ein Betonfundament.

Was ist noch im Originalzustand? Im Turm fast alles.

Auch in der Kirche selbst: der Hochaltar der Kirche mit seinem Sakramentshaus (um 1424), Fresken, die um 1230 entstanden sind, das Sandsteinepitaph »Krönung Mariens« in der Seitenkapelle, das Eichengestühl.

Besichtigungstips:

• In der Südseite finden Sie das Grabdenkmal einer der Turmbaumeister – Hans Stethaimer.

• Und im Erdgeschoß erstreckt sich eine Eingangshalle, auch Glockenhalle genannt, weil man von hier aus früher die Glocken von Hand läutete. Auch das gewaltige Uhrwerk mußte man früher täglich aufziehen (heute erledigt das alles ein Elektromotor, der von einer Zentraluhr in der Sakristei mit der »Atomzeit« ferngesteuert wird). Übrigens: Die ganze schwere Arbeit wurde früher (so schreibt das Pfarramt) »um Gottes Lohn getan, für den sich heute wohl niemand mehr findet.«

• Eigentlich sollten Sie Landshut während der »Landshuter Hochzeit« besuchen – einem Stadtfest, das seit 1903 vom Verein »Die Förderer« ausgetragen wird und an die Fürstenhochzeit von 1475 erinnert, die als die prunkvollste des Mittelalters gilt. Geheiratet hat Georg, Sohn des Herzogs Ludwig der Reiche (1450–1479), und zwar die polnische Königstochter Hedwig. Vermählt hatte das Paar der Erzbischof von Salzburg am 13. November 1475 – in St. Martin. Danach feierte man, eine Woche lang: 700 geladene Gäste sowie die 10 000 Einwohner. Man baute Küchen in Holzbuden auf, damit alle zu essen bekamen, und stellte offene Weinbottiche auf, damit alle zu trinken hatten. Die Wirte durften keine Rechnungen ausstellen, die Apotheken mußten Abführmittel parat halten, Gaukler und Zauberer für Unterhaltung sorgen. Alles auf des Herzogs Kosten.

Verzehrt wurden: 323 ungarische Ochsen, 285 Schweine, 1750 Schafe, über 1500 Lämmer, 490 Kälber, 11500 Gänse, 40000 Hühner, fast 195000 Eier, mehrere Tonnen Stockfisch usw. (laut Gerichtsschreiber Anton Wilhelm Ertl, der diese Zahlen anno 1685 recherchierte). Die Rechnung belief sich auf 60766 rheinische Gulden.

Übrigens – es wurde keine glückliche Ehe. Hedwig schenkte ihrem Gatten »nur« eine Tochter, also keinen Erben, der diese dynastisch-politische Verbindung fortführen konnte. Daraufhin verbannte er sie nach Burghausen, der Zweitresidenz der Wittelsbacher, und besuchte sie nur noch gelegentlich. Hier starb sie 1502, 45 Jahre alt.

• Und natürlich sollten Sie auch die Trausnitz besuchen, diese gewaltige, trutzige Burganlage der Wittelsbacher. Oft belagert, nie erobert, durch ein Feuer vernichtet: Am 21. Oktober 1961 hatte ein Verwaltungsmitarbeiter vergessen, seinen Tauchsieder auszustellen. Die Flammen zerstörten den Fürstenbau, die Wandmalereien, den Rittersaal und auch die Privaträume, die sich hier einst Ludwig II. einrichten ließ.

Mehr Infos: 08 71 / 92 29 50.

Das Völkerschlachtdenkmal in Leipzig

Schüler gaben dafür einst ihr Taschengeld

Kaum ein Stück Deutschlands ist so mit Blut getränkt wie die Wiesen, Felder und Dörfer rund um Leipzig. Kaum ein Denkmal so umstritten. Das größte Deutschlands, das erste Betondenkmal Europas. 396 000 Soldaten haben hier gekämpft. Im Trommelschlag, Mann gegen Mann, durchnäßt vom kalten Herbstregen, ungeschützt, zu Fuß, die bunten Uniformen längst vom Schlamm verdreckt. 90 000 sind hier verblutet. In drei Tagen, vom 16. bis zum 19. Oktober 1813. Ein Gemetzel. Genannt die Völkerschlacht zu Leipzig. Es war ein Kampf um die Vorherrschaft in Europa. Zwischen Napoleon und seinen Gegnern, den Russen, Preußen, Österreichern, Schweden. Die Armee der Alliierten (205 000 Mann) besiegte den Aggressor und seine in Rußland angeschlagenen Truppen (191 000 Mann).

Hundert Jahre später ehrte man diesen Sieg mit diesem monströsen Denkmal. Es ist düster, unheimlich, furchterregend und furchtbar. Ein Koloß: 91 Meter hoch, 124 Meter breit, 5400 Quadratmeter groß, 324 Reiterfiguren in der Kuppel.

Unser einziges Denkmal, das auf Wunsch des Volkes entstanden ist. Und nicht, weil ein einziger Besessener seinen Lieblingshelden verewigen wollte (wie Ernst von

Bandel den Cherusker Hermann). Oder, weil ein König seinem Volk ein Nationalsymbol schenken wollte (wie Ludwig I. die Münchner Bavaria).

Und das kam so: Zuerst (1813) waren es die siegreichen Generäle, die Napoleons Niederlage als Triumph des »einig Vaterlandes« in Form eines Denkmals feiern wollten. Dafür war es aber einfach viel zu früh. Kaum einen Monat nach der Schlacht roch man noch das Blut der Toten und stolperte beim Sonntagsspaziergang über verrostete Gewehre. Doch vor allem paßte ein selbstbewußter großer deutscher Nationalstaat nicht in das Bild von Europa, das Metternich & Co. während des Wiener Kongresses (der tanzte, Sie erinnern sich doch?) anstrebten. Abgelehnt.

50 Jahre später, anno 1863, der zweite Anlauf, gestartet von einigen Regionalfürsten. Europa hätte zugestimmt. Aber Deutschland war mit seinen innerdeutschen Querelen beschäftigt. Seine Kassen waren leer.

Aller guten Dinge sind drei: 1894 gründete der Leipziger Architekt Clemens Thieme einen »Deutschen Patriotenbund«, eine Dachorganisation, in der sich rund 6 000 Schützen-, Sänger- und Turnvereine zusammenfanden. Die Mitglieder des Bundes sollten die Kosten des Bauwerkes durch die jährlichen Mitgliedsbeiträge in Höhe von 50 Pfennig je Person decken.

König Albert von Sachsen lehnte es ab, als Protektor dieses Unternehmens aufzutreten. Kaiser Wilhelm II. fühlte sich nicht imstande, die Schirmherrschaft zu übernehmen.

Um so rührender das Engagement Tausender von Namenlosen. Sie sammelten in 15 Jahren sechs Millionen Mark. Selbst Schulkinder (allerdings nur in Sachsen, Braunschweig und Anhalt) opferten für dieses Koloß ihr Taschengeld. Sie brachten 75 000 Mark zusammen! Die Regierungen der übrigen deutschen Staaten verboten solche Schulkinder-Sammlungen. Außerdem spielte man Denkmal-Lotterien.

72 Architekten reichten ihre Wettbewerbsentwürfe ein. Den Auftrag erhielt der Charlottenburger Architekt Bruno Schmitz (1858–1916), der schon maßgeblich an den Denkmälern am Deutschen Eck und an der Porta Westfalica mitgewirkt hatte.

Am 18. Oktober 1898 – der erste Spatenstich. Am 13. Mai 1912 wurde der Schlußstein in die Brüstung der Aussichtsplattform eingefügt. Am 13. Oktober 1913 – die Einweihung. Am 100. Jahrestag der Völkerschlacht.

Über dem Eingang schwingt Erzengel Michael sein Flammenschwert – als Sinnbild des »heiligen Krieges«. Im Inneren eine Kuppelhalle (68 Meter hoch) mit vier Giganten (männlich; muskelprotzig; 9,5 Meter hoch). Sie stellen die deutschen Tugenden dar (sitzend): Tapferkeit, Volkskraft, Opferfreudigkeit, Glaubensstärke. Etwas tiefer die offene Krypta, das Ehrenmal für die Gefallenen: eiserne Kränze mit Erinnerungsschleifen. Und 16 steinerne Krieger, die Totenwache für die Gefallenen halten.

Pathos pur, schwer zu ertragen, weil hier – im Unterschied zu allen anderen Denkmälern der Kaiserzeit – erstmals die nationalsozialistische Idee mit der Volkssturmideologie verknüpft wurde. Der Traum von einer Heimat. Ein Denkmal, das wie kein anderes für Probleme steht, die Deutschland mit seiner Einheit und Freiheit gehabt hat. Und hat.

Und ein Denkmal wie eine Vorschau. Auf mehr Blut.

Auf die Bunkerschlachten des Ersten Weltkrieges, für den dieses Denkmal mißbraucht wurde. Als Propagandatrumpf der Kriegsbetreiber.

Wo steht es? In einem Stadtwald mit Alleen und Blumenbeeten, am Rande eines Wasserbeckens (162 Meter lang, 79 Meter breit), in dem es sich spiegelt.

Was ist noch im Originalzustand? Alles, leicht renoviert.

Besichtigungstips:

• Lassen Sie die Krypta auf sich wirken. Die acht monumentalen Totenmasken. Vor jeder zwei Krieger mit gesenktem Haupt. Es ist unheimlich.
• Und klettern Sie (über 364 enge Wendelstufen) zur Aussichtsplattform hinauf!
• Ein Automat prägt aus Fünfpfennigstücken Gedenkmünzen (umsonst).

Ein künstlerisch wertvolles Foto fürs Familienalbum entsteht am Rand des Wasserbassins, denn dann sehen Sie das Denkmal doppelt: das echte und sein Spiegelbild.

Mehr Infos: 03 41/8 04 71.

Das Reichskloster Lorsch

Der rätselhafteste Kleinod des Landes

Kleiner kann höchstens ein Puppenhäuschen sein, lustvoller – vielleicht – ein Gartenpavillon. Aber Rätselhafteres als diese Königshalle, als dieses älteste vollständig erhaltene Gebäude der nachrömischen Zeit in Deutschland gibt es nicht.

Ein Unikum, von dem seltsamer Zauber ausgeht: Es ist rechteckig (976 x 609 Zentimeter), zweistöckig, zierlich, auf Steinplatten gestellt. Mitten im Nirgendwo. Drei Durchgangstore zwischen vier Halbsäulen, auf dem Dach ein Glockentürmchen. Fünf Stufen über dem heutigen Straßenpflaster, mit zwei Wendeltreppen, die in den einzigen Raum im ersten Stock führen. Die Fenster hier sind fast so schmal wie Schießscharten. Doch die heiteren plastischen Trompe-l'œil-Fresken an den Wänden täuschen einen Blick ins Grüne vor. Und keiner weiß wozu, für wen, warum dieses Kleinod im 8. Jahrhundert gebaut wurde.

Darum hat dieses Denkmal auch so viele verwirrende Namen. Mal wird es Königshalle genannt, mal Torbau oder Torhalle, mal Michaelskapelle. Wurde es als ein Triumphbogen für Karl den Großen errichtet? Diente es als Reliquienschrein jener Kostbarkeiten, die dem einst anliegenden Kloster gehörten? Eine Vorzeigebibliothek vielleicht? Ein majestätsvoller Eingang zur königlichen Grabkapelle? Experten streiten, immer noch.

Eines jedoch steht fest: Dieser Bau – so klein er sein mag – ist ein imponierendes Zeichen vergangener Macht. Ja, mehr noch: ein Beweis dafür, daß dieser Ort vor Jahrhunderten zum Schmelztiegel aller damaligen Hochkulturen wurde. Die Außenwände sind mit weißen und roten Kacheln verkleidet – eine höchst seltsame Farbkombination. Noch ungewohnter sind die Muster. Und doch findet man sie wieder: in der Klosterkirche im westfränkischen Jouarre und in einem mesopotamischen Palast von Harum al Radschid in Raqqah. Die angedeuteten Arkaden im Obergeschoß wurden mit Fachwerkornamenten verziert, die man auch an Sarkophagen in der Provence und Aquitanien findet.

Mit anderen Worten – wer auch immer also diese »Halle« baute, war ein vielgereister Mann, der sich zudem für die Reichspolitik Karls des Großen (742–814) begeisterte. Der Kaiser erstrebte eine Vereinigung: die Einheit von Kirche und Staat, die Verbindung von Germanentum und Christentum, die Versöhnung von Rom und Byzanz. Die Königshalle vermittelt Karls Herrscherwillen. In Stein.

Nur – wieso wurde sie ausgerechnet hier, in diesem hessischen Städtchen errichtet? Weil Lorsch einst ein Ort gewesen ist, wo Europas Politik und Geistesgeschichte mitentschieden wurden. Ein Ort, in dem 60 bis 70 Benediktiner lebten, wo weltliche Fürsten ihre »Tagungen« abhielten. Denn ein Kloster stellte einen geradezu idealen Konferenzort dar. Es bot Logis (in allen Preisklassen), Bewirtung, Ruhe, dichtes Kommunikationsnetz, Neutralität, Diskretion und einen eigenen Weinkeller!

Die Lorscher Mönche waren reich. In ihrem Urkundenbuch werden mehr als 4000 Besitzungen aufgelistet: Dörfer, Wälder, Teiche, Wiesen, Kirchen, Äcker, Weinberge, Mühlen. Im 11. Jahrhundert gehörten den Mönchen Ländereien und Immobilien von Holland bis in die Schweiz, von der Nordsee bis zu den Alpen.

Wo liegt die »Königshalle«, die einst zum Kloster gehörte? In Hessen, am Oberrhein, im Kreis Bergstraße.

Und wann wurde Lorsch gegründet? Im Jahre 764 schenkte Graf Cancor den Benediktinern eine Miniaturinsel im Flüßchen Weschnitz. Sie lag im breiten Rheintal, einen Tagesritt nur von der Königspfalz Worms entfernt. Der erste Abt Chrodegang diente dem König als Berater und dem fränkischen Reich als ein Primas. Außerdem war er mit Karl dem Großen verwandt, glaubt man. Ein Mann voller Tatendrang. Er holte die ersten 16 Mönche hierher – aus Lothringen. Und in Italien beschaffte er Reliquien des Märtyrers Nazarius. Anfang des Jahres 765 soll er losgeritten sein, am 11. Juli 765 war er mit dem Nazariusschrein zurückgekommen. Damit war der unaufhaltsame Aufstieg seines Konvikts vorprogrammiert: Am Grab des Heiligen geschahen bald Wunder, die Pilger kamen in Scharen, um daran teilzunehmen. Und sie kamen nicht mit leeren Händen, versteht sich. Abt Chrodegang beschloß, eine Kirche zu bauen.

Am 1. September 774 wurde die Klosterbasilika feierlich eingeweiht. Eingeladen waren Bischöfe von Mainz, Würzburg, Passau, Trier und Metz. Und sie kamen.

Alle. Auch der Kaiser ist angereist, in Hochstimmung. Er hat soeben das Langobardenreich erobert (ist die Königshalle also doch ein Triumphbogen, wie man sie in der Antike siegreichen Feldherren baute?). Er brachte seine Königin Hildegard, seine Söhne und seinen Hof mit. Schon vor Jahrhunderten garantierte die Anwesenheit von Prominenten die entsprechende Publicity.

Der Kaiser ist aber nicht nur erschienen, um zu glänzen. Er wollte mit seiner Anwesenheit vor allem seine Machtansprüche demonstrieren, denn das Lorscher Benediktinerkloster war königliches Eigentum; Chrodegang hatte diese Abtei mit ihren ganzen Gütern dem Herrscher zwei Jahre zuvor (mehr oder wenig freiwillig) überlassen. Als Gegenleistung gewährte Karl mit einer Urkunde vom 29. März 772 den Benediktinern Königsschutz, Immunität (sprich: Reichsunmittelbarkeit) und Liberalität (d. h. das Recht auf eine freie und geheime Abtwahl). Mit anderen Worten: Die Abtei wurde eine Pfalz. Eng an das Schicksal der Dynastie der Karolinger gebunden: eng wie eine Geliebte. Zu eng. Keiner der späteren Könige oder Kaiser mochte Lorsch. Wie auch.

Es waren vor allem die Benediktiner, die unter dem Einfluß- und Machtverlust am meisten gelitten hatten. Männer, die nach der Regel des hl. Benedikt von Nursia (um 480–547) lebten – der ersten Ordensregel Europas.

Natürlich suchten viele Männergemeinschaften bereits in der Frühzeit des Christentums Heil für ihre Seelen in Weltflucht, Armut und Askese und fanden den Weg zum Glück im einfachen Leben. Kirchenlehrer Hieronymus (um 347–419), der als Einsiedler in Syrien und dann als Klostervorsteher in Bethlehem lebte, schwärmte: »Selbstgebackenes Brot, Gemüse aus dem eigenen Garten, frische Milch, all die Köstlichkeiten des Landes bieten uns bescheidene, aber bekömmliche Nahrung. Wenn wir so leben, wird uns der Schlaf nicht vom Gebet, die Übersättigung nicht von der Lesung abhalten. Im Sommer wird uns der Schatten eines Baumes Schutz bieten. Im Herbst werden die milde Luft und das Laub … uns zur Ruhe einladen.«

Aber erst Benedikt von Nursia erhob das Mönchtum zu einer geschichtlich-politischen Kraft, indem er es zu einer Organisation machte. Mit Hilfe seiner Regel, in der der Alltag der Mönche bestimmt wurde: vom Aufwachen über das Wachsein bis in die Träume, detailliert. Er bestimmte den Ablauf und die Dauer der Gebetsstunden (sieben täglich), die Kleidung (zwei Kutten, zwei Tuniken, ein Strick, »Schuhe für den Winter, Sandalen für den Sommer sowie eine Arbeitsschürze«), den Arbeitseinsatz (denn »Müßiggang ist der Feind der Seele«). Bei den gemeinsamen Mahlzeiten herrschte ein Redeverbot, für den Sommer schrieb er kürzere, für den Winter längere Schlafzeiten vor. Doch vor allem sollte jedes Kloster möglichst autark sein: »Alles Notwendige, Wasser, Mühle, Garten und die verschiedenen Werkstätten sollen sich innerhalb der Klostermauern befinden.« Um sich selbst versorgen zu können, um unabhängig, stark zu sein.

Im fränkischen Reich der Karolinger hatte sich diese Regel mehr als durchgesetzt. Denn der Kaiser hatte sofort begriffen, daß eine ähnlich straffe Organisation ihm helfen könnte, sein Reich aufzubauen und zu kultivieren. Das erste Benediktinerkloster wurde 744 in

Fulda gegründet. 784 erklärte Karl der Große die Benedikt-Regel als verbindlich für alle Klöster. Ab 816 lebten auf dem Gebiet seines ehemaligen Reiches nur noch Benediktiner.

Was im Kloster Lorsch sonst noch passierte? Hinter den dicken Klostermauern konnte man nicht nur Geheimdiplomatie betreiben, sondern auch unbequeme Gegner internieren. Nachdem also Karl der Große im Jahre 787 den letzten Stammesherzog der Bayern, Tassilo, besiegte, mußte dieser hier seine Klosterhaft verbringen. Bis zu seinem Tode.

Karls Enkel Ludwig der Deutsche (gest. 876) und sein Sohn Ludwig der Jüngere (gest. 882) bestimmten diese Abtei zu ihrer Grablege. Damit wurde sie zur Grablege der Karolingerdynastie. Die meisten schlichten Steinsarkophage wurden allerdings um 1800 gestohlen, einige als Brunnentröge benutzt. Übriggeblieben ist nur ein einziger.

Mit dem Aussterben der Karolingerdynastie erlischt auch die Bedeutung der Lorscher Benediktiner. Und 1231 endet ihre Geschichte endgültig. Der Konvent wird dem Erzbistum Mainz unterstellt, die letzten Benediktiner 1232 vom Mainzer Erzbischof mit Waffengewalt aus der Anlage vertrieben.

Im Dreißigjährigen Krieg wird die Klosteranlage bis auf die »Königshalle« völlig zerstört, geplündert.

Als Matthäus Merian d. Ä. (1593–1650), der erste Profitourist, Lorsch 1645 besucht, findet er nur noch Ruinen. Er notiert in seiner *Topographia Palatinatus Rheni:* »Es hat dieses Closter vor Zeiten einen gewaltigen Schatz gehabt, viel Gold und Silber bey dem Grab des H. Nazarii, ihres Patronen, deßgleichen bey seinem Altar ...«

1797 verkauft der Mainzer Erzbischof die Königshalle an einen Privatmann, danach wird sie eine Zeitlang als Kornspeicher benutzt, später als Lagerhalle einer Gerberei und auch zum Trocknen von Tabak.

Was ist noch im Originalzustand? Alles, natürlich restauriert – wie auch das Mittelschiff der Vorkirche aus dem 12. Jahrhundert, zu dem man durch die Königshalle gelangt.

Besichtigungstips:

• Im Klostermuseum befindet sich ein Klostermodell (inkl. der Gemeinschaftslatrinen), nachgebaut mit Hilfe von Computersimulation. Auch eine »Schreibstube« wurde nachgebildet, in der die Mönche Handschriften an Schreibpulten, bei Kerzenlicht, herstellten. Das Schreiben selbst betrachteten sie als einen ganz besonders wirksamen Gottesdienst. Und so wurde die Lorscher Bibliothek mit 60000 bis 70000 Handschriften eine der größten Europas. Etwa die Hälfte davon befindet sich heute im Vatikan, der Rest in rund 50 Museen und Privatsammlungen in 14 Ländern.

Für die Benediktiner stellte die Bibliothek einen wesentlichen Teil ihres Klosterschatzes dar. Wobei natürlich nicht nur Religiöses entstanden ist. Hier befanden sich Inventarlisten des Konvents, Rätsel, Glossen, ein (weltberühmtes) Arzneibuch aus dem Jahre 797, eine Fassung des Nibelungenliedes und vor allem der *Lorscher Rotulus*: ein 2,5 Meter langer Pergamentstreifen mit einer Litanei mit 534 Heiligennamen, entstanden im Jahre 876. Es ist die älteste und einzige erhaltene liturgische Buchrolle des Abendlandes (sie wird im Museum als Faksimile gezeigt).

• Auch das *Lorscher Evangeliar* liegt als Faksimile aus – eine Prachthandschrift mit einem dramatischen Schicksal. Zu ihrer Entstehungszeit war sie mindestens soviel wert wie drei, vier große Dörfer, denn alle vier Evangelien wurden mit Goldtinte geschrieben. Jeder einzelne Buchstabe. Und zwar auf einem kräftigen Pergament, das sich wie Samt anfühlt. Die Anfangsseiten der Evangelien sind purpurgetränkt, die Geschichten herrlich illustriert, beide Buchdeckel aus Elfenbeinschnitzereien. 1479 wird das Evangeliar neu gebunden, in zwei Teile geteilt, die Deckel vom Text getrennt. Und von nun an pilgerten sie einzeln als Kriegsbeute – oder Diplomatengeschenk – durch Europa.

Angefangen hat die unfreiwillige Wanderschaft im Jahre 1557, nachdem der Kurfürst von der Pfalz die gesamte Klosterbibliothek (also auch das Evangeliar) in die Heidelberger Hofbibliothek, genannt Palatina, überführte. Als dann Heidelberg im Dreißigjährigen Krieg erobert wurde, schenkte (1622) der siegreiche Feldherr Tilly die Palatina Papst Gregor XV. In Rom kam aber nur ein Teil des Evangeliars an: das Lukas- und das Johannes-Evangelium mit einer Hälfte des Elfenbeindeckels. Es wird im Vatikanmuseum bis heute unter der Nummer »Palatinus 50« aufbewahrt.

Die anderen beiden Evangelien und der Elfenbeindeckel, der die thronende Muttergottes zeigt, waren verschwunden, obwohl die Überführung von bewaffneten Reitern bewacht wurde. Denn der Mann, der für den Transport der Palatina nach Rom verantwortlich war, der griechische Gelehrte Leone Allaci (1586–1669), behielt einfach zwölf von 196 Bücherkisten »als Geschenk«. In einer dieser Kisten befand sich das Restevangeliar. Er vermachte es dem »Collegium Graecum«, dieses Lehrinstitut verkaufte es weiter, und heute befindet es sich in Karlsburg (Alba Iulia) in Rumänien, allerdings nur der Textteil.

Der herrlich geschnitzte Elfenbeindeckel tauchte 1853 bei der Versteigerung der Sammlungen des Prinzen Soltikoff auf und kam – über viele Umwege – ins Victoria and Albert Museum in London, wo es immer noch aufbewahrt wird.

• Übrigens: Die glorreiche Klostergeschichte wird auch im Nibelungensaal im Rathaus auf dem Marktplatz anschaulich dargestellt – in monumentalen Wandgemälden.

Mehr Infos: Verkehrsamt 0 62 51/59 67 50.

Das Holstentor von Lübeck

Gerettet mit nur einer Bürgerstimme

»Ihr seid die Herren!« – so begrüßt Kaiser Karl IV. im
Oktober 1375 den Senat der Stadt Lübeck, der sich in
Reih und Glied vor ihm aufgestellt hat. Wohlbemerkt:
Es ist ein Kaiser, der die bürgerlichen Kaufleute mit
Herren anredet. Sie lehnen den Titel bescheiden ab.
Aber der Kaiser nennt den Stadtrat während dieser
Audienz ein zweites Mal »Ihr Herren unserer Stadt«.
Diesmal schweigen sie.

Lübeck, ihre Stadt, hat den Höhepunkt seiner Macht
erreicht, ist eine »Herrenstadt« wie Venedig, Pisa und
Florenz, die einzige nördlich der Alpen. Im Klartext:
Hier regiert der Bürger. Der Kauf- und Handelsmann.
Nicht der Adel oder Klerus. Und das Recht ihrer Stadt
gilt auch in all den anderen Hansestädten Europas.

1143 wird Lübeck als erste deutsche Stadt an der Ostsee gegründet. Eine Stadt auf einer Halbinsel – also einfach zu verteidigen. Aber erst unter Heinrich dem
Löwen wächst sie ab 1159 zu einem machtvollen Zentrum des Ost-West-Handels. Seit 1226 ist sie Freie
Reichsstadt (ein Rechtsstatus, der bis 1937 erhalten
blieb).

1356 ist in Lübeck Premiere. Der allgemeine »Hansetag« trifft sich: von nun an eine Art Ständige Konferenz

der Hanse. Die Hanse – ein Bündnis von Kaufleuten aus fast 200 Städten quer in Europa, z. B. Hamburg über London, Nowgorod, Brügge, Danzig, Emden, Riga bis Amsterdam. Ein Netzwerk von Handelsbeziehungen, eigentlich das erstaunlich frühe Modell eines europäischen Binnenmarktes von heute. Eine Wirtschaftsmacht mit klar untereinander abgesteckten Monopolen (Honig aus Spanien, Fisch aus Skandinavien, Salz aus Lüneburg, Wein aus Frankreich, Pelze aus Rußland ...), die man vor dem Zugriff des Adels absichern will. Die Hanse schützt auch ihre reisenden Händler vor Raubrittern – und vor unlauteren Methoden der Konkurrenz. Rund 300 Jahre später ist die Zeit der Hanse vorbei. 1669 trifft sich noch einmal der Hansetag, aber nur noch acht Städtevertreter kommen.

Doch noch glänzt die Stadt. Reich, herausgeputzt wie eine Braut – eine zu stolze Braut, die keinen nehmen will. Die alle reizt. Als 1459 der Herzog von Holstein stirbt, beschließt der Dänenkönig, sie zu bändigen. Lübeck igelt sich ein. Man baut Wälle und Mauern und – plant ein Tor. Ein Außentor nach Holstein (das man auf Plattdeutsch »Holsten« nennt) – das Holstentor. Vor dem Übergang über die Trave, der kürzesten Verbindung vom Hafen zum Markt.

Nach dem Vorbild Brügges geht der Baumeister Heinrich Helmstede ans Werk. 1466 werden die Fundamente gelegt, um 1478 ist es fertig. Und einfach gewaltig. Wirkt aus der Ferne wie aus Lebkuchen, hat aber Raum für 30 (!) Geschütze. Ein stolzes Tor. Doch es wird bald überflüssig – die Waffen sind immer perfekter, raffinierter. Um 1560 sind seine Kanonen weg, das Tor selbst hinter diversen Wällen und Vororten verschwunden.

Aus dem Verteidigungstor wird ein Irrenhaus. Wie aus den meisten leerstehenden Toren.

Im 17. Jahrhundert die nächste Umfunktionierung: Aus dem Tor wird eine »Wohnsiedlung«. Zuerst leben hier die Stadttrompeter und Pauker. Und der Wallmeister, der das Recht hat, Bier und Schnaps auszuschenken, Grog zu brauen. Der sich einfach versteckt, als 1806 die Franzosen durchs Holstentor einmarschieren und die Stadt okkupieren. Übrigens: Hilfe herbeizurufen, war damals gar nicht so einfach, und zwar nicht nur aus politisch-strategischen Gründen. Auch rein technisch: Die Extra-Post nach Hamburg brauchte für diese Strecke 23 Stunden, die normale 30 bis 32 Stunden!

Wo steht das Tor? An der Holstenbrücke.

Was hier sonst noch passierte? Der Wortlaut der lateinischen Inschrift, die das Tor schmückt, wurde mehrmals geändert. Und jede Veränderung verrät viel über die Beziehung der Lübecker zu ihrem Tor: je umstrittener das Bauwerk, umso kürzer der Text. Hier die Zitate auf deutsch.

1585 heißt es: »Es ist eine schöne Stadt, wenn vor den Toren Frieden und drinnen Eintracht herrscht.«

1710: »Eintracht der Stadt und vor den Toren Frieden ist wirklich das Beste für alle.«

1843: »Der Stadt Eintracht und den Fremden Frieden.«

Das Tor – von Anfang an nicht sehr stabil – wird rissig, seine Mauern sinken. 1818 schlägt eine Bürgerkommission seinen Abbruch vor. Von nun an wird das Thema in Lübeck diskutiert. Und zwar jahrzehntelang.

Nach der Revolution von 1848 wird zwar aus dem traditionsreichen Rat ein Senat, aber wählen darf nach wie vor nur, wer Besitz hat. Die 120 Senatssitze verteilen sich auf 12 Gelehrte, 40 Kaufleute, 12 Krämer, 40 Gewerbetreibende und 16 Landleute. Die Stadt hat 25 360 Einwohner, 3 349 sind selbständig (anno 1845).

Was fehlt, um mit der technischen Entwicklung der Welt Schritt zu halten, ist eine Eisenbahn. Es gibt viele Leute, die sie gerne bauen würden. Nur – der idealen Baustrecke steht eines im Weg: das Tor. Der Konflikt spitzt sich zu: Holstentor oder Eisenbahn? Die Stadt plädiert für die Eisenbahn.

Am 17. März 1854 interveniert im Auftrag des Königs Friedrich Wilhelm IV. von Preußen der Geschäftsträger der Preußischen Gesandtschaft in Hamburg beim Lübecker Senat für die Erhaltung des Denkmals.

Am 28. Juli 1854 ersucht Johann Herzog von Sachsen (als Direktor des Gesamtvereins der Deutschen Geschichts- und Altertumsvereine) den Senat, das Holstentor zu erhalten.

Am 11. Oktober 1854 lehnt der Bürgerausschuß ein Projekt zur Erhaltung des Denkmals mit 15 zu 11 Stimmen ab.

Am 24. Juli 1855 stürzt ein großes Stück des obersten Gesimses am Südturm herab. Einige Tage später verlangen 683 Bürger vom Senat, »den Abbruch der Holstentürme baldigst zu veranlassen«.

Am 5. November 1855 empfiehlt die Bürgerschaft dem Senat den Abriß »aufs dringlichste«. Der Senat lehnt ab.

Daraufhin lehnt die Bürgerschaft die vom Senat beantragte Bewilligung der Gelder für die Restaurierung der Türme ab. Gleichzeitig sammelt eine neu gegründete

Vereinigung Spenden zur Erhaltung des Tores. Man stellt diverse Gutachten vor. Inzwischen sprengt der Lübecker Streit die Grenzen der Stadt. Ganz Deutschland verfolgt die Auseinandersetzung.

Am 15. Mai 1863 legt Regierungsrat von Quast, der erste »Conservator der Kunstdenkmäler von Preußen« und Mitglied der »Technischen Baudeputation« in Berlin, sein Gutachten vor. Er schreibt: »Der Unterzeichnete glaubt schließlich seine volle Überzeugung aussprechen zu müssen, daß das Holsten-Thor ... für moderne Zeiten hin der alten Hauptstadt der Hansa noch einen Schmuck zu verleihen vermag, der ihr durch keinerlei moderne Anlagen ersetzt werden kann, indem dasselbe den eigenen Bürgern nicht minder wie allen anderen Deutschen und selbst den Fremden ein sichtbares Zeichen der alten Macht und Herrlichkeit vor Augen stellt, dem kein anderes Thor aus jener Zeit werde innerhalb noch außerhalb Deutschlands, was die großartige Gesamterscheinung betrifft, an die Seite gestellt werden kann.«

Am 15. Juni 1863 kommt es zu der alles entscheidenden Abstimmung in der Bürgerschaft. Sie beschließt, das Tor zu erhalten. Mit 42 zu 41 Stimmen.

Das Holstentor wird ein Denkmal.

Man beginnt mit den Renovierungsarbeiten. Als erstes wird das alte Ziegeldach gegen ein Schieferdach ausgetauscht, dann die Inschrift auf die Wehrseite der Tore übertragen – und gekürzt. Zum letzten Mal. Jetzt verkündet sie: »Der Stadt Eintracht Fremden Frieden.« Man spart sich das »und«. Auch das Komma.

Eine Eisenbahn bekamen die Lübecker dann doch noch.

Was ist noch im Originalzustand? Der Grundriß, die Aufteilung der Räume.

Besichtigungstips:

• Lassen Sie sich Zeit für die Innenräume. Es lohnt sich. Und dann: Einfach mal durch die Altstadt bummeln, denn Lübeck – vom Krieg verschont – hat in seinen Mauern wie kaum eine andere deutsche Stadt auch den Charme, den Geist der Vergangenheit gespeichert.

• Übrigens: Lübecks wohl berühmtester Sohn Thomas Mann (1875-1955, Nobelpreisträger, *Die Buddenbrooks*) hat nicht nur die Handelsdynastie seiner Heimatstadt, sondern auch ihr Tor verewigt.

• 1977 feierten die Lübecker den 500. Geburtstag ihrer Stadt. Einige ansässige Künstler wollten Christo, einer der wohl bekanntesten Künstler der Welt, dazu animieren, ihr Tor zu verhüllen. Christo lehnte ab. Er träumte schon damals davon, den Berliner Reichstag zu verhüllen. Und tat's dann ja auch. Zusammen mit seiner Frau Jeanne-Claude: anno 1995.

Das schönste Foto fürs Familienalbum entsteht vor dem Tor, umrahmt von den Türmen der Marien- und der Petrikirche und den Salzspeichern.

Mehr Infos: 0451/1228106.

Das Kloster Maria Laach

Hier fand Konrad Adenauer Zuflucht vor den Nazis

Am Eingangstor zum Paradies – so nannte man einst die Säulenhalle vor der eigentlichen Kirche, also den Raum der Entscheidung, in dem man aus der lauten Welt in die Stille der Begegnung mit Gott kommt – liegen sich zwei Kämpfer (aus Stein) in den Haaren. Ein heftiger Kampf, das sieht man. Und neben ihnen hockt ein Teufelchen (auch in Stein gemeißelt) mit einer Schriftrolle auf den Knien.

Was es da macht? Striche. Einen pro Sünde. Das Luder zählt die Sünden. Nur: Wer sündigt hier denn? Doch nicht die Benediktiner, die diese Kirche seit Jahrhunderten mit ihren Gebeten beleben? Nein, nein. Die beiden Raufer sind keine Mönche. Es sind häßliche Fabelwesen (halb Mensch, halb Vogel), die »ihre« Klostermönche vor der Sünde warnen sollten. Es muß gewirkt haben. Denn die Benediktinerabtei Maria Laach gedeiht. Zwei Millionen Touristen jährlich. 1995 leben hier 66 Mönche, der älteste 94 Jahre alt, der jüngste knapp 24.

Ein Prachtkloster am Ufer des tiefblauen Laacher Vulkansees. Inmitten fruchtbarer Felder und ruhiger Wälder. Einer der schönsten Bauten der deutschen Romanik. Die dunklen Arkadenbogen der Basilika wurden aus Lavastein gehauen, das schwere Mauerwerk aus bem Eifeltuff. Mauern, die Stille hüten. Ruhe bergen. Seelenfrieden stiften können, erzromantisch. Weil alles harmonisiert: Menschenwerk und Natur, Wissenschaft und Frömmigkeit. Die Fröhlichkeit und die Stille. Das »tiefste Schweigen«, das Ordensgründer Benedikt von Nursia (480–547) verlangt, ist spürbar. Die Ruhe der Männergemeinschaft überträgt sich auf die Gäste.

Es ist diese Mischung aus Schweigen, Demut, Gehorsam, Gebet, den mittelalterlichen Lebensregeln und der computergesteuerten Touristenbewältigung, die fasziniert. Wenn die Mönche die Kirche zu ihren regelmäßigen Gebeten betreten, verneigen sie sich voreinander. Und man kann mithören, mitbeten.

Zwei Äbte prägten die Geschichte des Konvents. Weil der nahe See am Kloster die Mönche immer wieder in Bedrängnis brachte, hat Abt Fulbert einen 750 Meter langen Graben ausheben lassen. Als Abfluß. Ein geniales Projekt im Jahre 1100! So konnte der Wasserspiegel um etwa zehn Meter gesenkt werden – was dem Kloster fruchtbares Weide- und Ackerland (das immer noch benutzt wird) bescherte.

Außerdem führte Fulbert eine Schreibstube ein – zur Herstellung wertvoller Handschriften (Gutenberg erfand erst rund 350 Jahre später den Buchdruck!). Die Mönche schrieben die Texte ab. An Stehpulten, bei Kerzenlicht (wie in Umberto Ecos *Der Name der Rose*).

Abt Ildefons Herwegen, der das Kloster von 1913-1946 führte, setzte sich für einen »moderneren« Gottesdienst ein. Im August 1920 fand hier die erste Messe auf deutschem Boden statt, die ein Priester mit dem Gesicht (nicht mit dem Rücken) zur Gemeinde zelebrierte. Heute eine Selbstverständlichkeit.

Zwei Äbte – ihrer Zeit weit voraus. Das Kloster heute ist ein eingetragener Verein, sein Abt Alleinvorstand. Der von ihm ernannte Cellerar ist Geschäftsführer, die Profeßmönche Vereinsmitglieder. Sie bekommen keine Mark Kirchensteuer, leben allein von ihrer Hände Arbeit.

Der Umsatz der klostereigenen Betriebe (mit 200 Angestellten) liegt im zweistelligen Millionenbereich. Haupteinnahmequellen sind Gärtnerei, Kunstverlag, Obstanbau – Touristen (Gottvertrauen allein reichte noch nie!). Ein Gewinn muß einfach erwirtschaftet werden, allein schon wegen der rund 200 festangestellten Mitarbeiter.

Jeder Mönch muß arbeiten, erhält aber keinen Lohn. Niemand hat Privatbesitz, alle leben bescheiden. Es gibt Metzger, Gärtner, Juristen, Klempner, Theologieprofessoren. Über Wichtiges (z. B. alle Projekte über 100 000 Mark) muß der gesamte Konvent abstimmen. Geheim, mit weißen und schwarzen Bohnen.

Wer prüft die Konten und Buchführung? Der Abtpräses (d. h. geistlicher Vorstand) der Beuroner Kongregation. Er führt alle sechs Jahre eine Revision durch.

Der heilige Benedikt hat die Demut in den Mittelpunkt seiner Regel gestellt. Doch seine Regel ist für das Diesseits gedacht – um auf das Jenseits vorzubereiten. Geschäftstüchtigkeit und unternehmerische Phantasie? Klösterliches Dasein schließt das nicht mehr aus.

Männer in schwarzen Kutten – mit Weihwasser in den Venen? Wohl kaum. In der Klosterbibliothek mit über 140 000 Bänden gibt's auch Krimis: »Das Reich Gottes ist nicht in den Wolken, sondern hier auf der Erde«, sagt der Abt.

Wo steht das Kloster? In der Eifel. Es gehört zur Verbandsgemeinde Brohltal im Kreis Ahrweiler.

Seit wann? Heinrich II., Graf von Laach und Pfalzgraf der Rheinfranken, gründete 1093 die Abtei St. Maria Laach (von lat. *lacum* = See). Eingeweiht wurde die Kirche am 24. August 1156.

Was hier sonst noch passierte? Am 1. August 1802 mußten alle Mönche das Kloster verlassen, die Besitzungen der Abtei, Höfe, Weinberge wurden verkauft. Der Grund? Als Napoleon in Frankreich an die Macht kam, hat er den gesamten Kirchenbesitz zum Nationaleigentum erklärt, sprich: konfisziert. Nachdem er Deutschland besiegt hatte, erhielt er als Entschädigung für seine Verluste den Besitz von vier Erzbistümern, 18 Bistümern und rund 300 Klöstern. Maria Laach war eines davon, er hat es seiner Ehrenlegion zugeteilt. Nach Napoleons Fall, 1815, wurde es preußisches Staatseigentum, später Privateigentum einer Familie Delius.

Von 1862 bis 1873 lebten hier Jesuiten, von denen die Benediktiner ihr Kloster 1892 zurückerwarben. Konrad Adenauer (1876–1967) fand in Maria Laach Zuflucht, als ihn die Nazis als Oberbürgermeister von Köln abgesetzt hatten. Zum Dank stiftete er nach dem Krieg ein Kirchenfenster. Und die Mönche brachten ihm an jedem Weihnachtsfest einen großen Karpfen aus ihrem See.

Was ist noch im Originalzustand? Ein Baldachin über dem Altar (seit etwa 1270). Und das Hochgrab des Stifters. Der erste Abt Gilbert (gest. 1152) fand seine letzte Ruhestätte in der Krypta.

Besichtigungstips:

• Im Informationszentrum beantwortet ein Benediktiner alle Fragen. Seine Geduld ist schier unerschöpflich.
• Vom Gartenzentrum einen Blumenstrauß mitnehmen.
• Vielleicht an der Meditation teilnehmen, die die Mönche anbieten.
• Und: 40 Gastzellen (Einzelzimmer mit fließendem Wasser) bieten die Möglichkeit zur inneren Einkehr. Wer hier ernsthaft Kraft und Ruhe (nach Streß oder Schicksalsschlägen) sucht, muß nicht katholisch sein. Der Preis? Ein Almosen wird gern angenommen.
• Übrigens: Ein (begehrter) Blick in die Klausur, d. h. den Privatbereich der Mönche, ist für Besucher tabu.
• An der Klosterpforte gibt es eine Möglichkeit zu Beichtgesprächen.

Das eindrucksvollste Foto fürs Familienalbum gelingt vom gegenüberliegendem Seeufer aus.

Mehr Infos: 0 26 52/5 90.

Das Kloster Maulbronn

Wo der Teufel angeblich den Faust holte

Man steigt aus dem Auto, geht ein paar Schritte – und schon beginnt die seltsame Zeitreise ins Mittelalter. Die Klosterschmiede, das Frühmessehaus, die Klosterküferei, das Kaminhaus. Malerische Mauern, edles Kreuzgewölbe. Erker, Gärtchen, Tore – alles wie einst. Man kann einen Schluck Wasser aus einem gotischen Brunnen trinken oder sich am Tor zum Faustturm anlehnen, das schon Doktor Johannes Faust (falls schlecht gelaunt) hinter sich zugeknallt hat. Man sagt, er habe hier im Kloster Maulbronn seinen Pakt mit dem Teufel abgeschlossen. Die Klosterchronik hat sogar das genaue Jahr festgehalten: anno 1516.

Maulbronn. Die älteste erhaltene Klosteranlage nördlich der Alpen. Kein Beton. Sandstein, Holz, offene Feuerstellen. 850 Meter lange Wehrmauern und Türme, Ställe, Mühle, Friedhof und Fischteiche, Deiche, Weinberge, Weiden (die Mönche waren Selbstversorger). 30 Gebäude. Und eine majestätische Basilika. Sie wurde um 1220 erbaut, im Übergangsstil zwischen Romantik und Gotik.

Die Kirchenvorhalle nannte man Paradies. Ein Grenzort zwischen Licht und Schatten, zwischen Sinneslust und Andacht, zwischen der Welt draußen und dem Gottesreich drinnen. Ein Ort, den der Doktor (sagt man) besonders liebte – eigentlich logisch – klagt er doch in Goethes Tragödie: »Zwei Seelen wohnen, ach! in meiner Brust!«

Nur – wie kam ein Schwarzkünstler unter fromme Mönche? Ganz einfach. Er kam, weil ihn Abt Johannes Entenfuß, der von 1512 bis 1518 dem Kloster vorstand, um »Rath und Hülfe« ersuchte. Entenfuß baute viel (was schon immer teuer war), machte Schulden, brauchte Gold.

So beschreibt es ein gewisser Gustav Schwab in seinen *Wanderungen durch Schwaben:* »In den letzten Zeiten der katholischen Verwaltung kam das Kloster durch die fortgesetzte große Baulust und mitunter den schlechten Haushalt der Äbte oft in arge Bedrängnis, und der Abt Entenfuß suchte vergebens bei seinem Freunde, dem Schwarzkünstler Dr. Faust aus Knittlingen, welchem er längere Zeit im Kloster Herberge gewährte, Rath und Hülfe.«

Abt Entenfuß wird 1518 wegen Verschwendung versetzt.

Und Faust? Faust verschwindet. Im Klostermuseum ist zu lesen: »In der ehemaligen Klosterküche soll er seine Experimente gemacht haben, im Faustturm soll er gehaust haben, und in Maulbronn soll ihn der Teufel geholt haben.« Hat er, hat er nicht? Wer weiß. Nur: Wer will's denn wirklich wissen?

Fest steht, daß der Doktor am 24. April 1480 das Licht der Welt in Knittlingen erblickte (sechs Kilometer entfernt), und daß man in seinem Geburtshaus Pergamentzettel mit Abwehrzauber und Rezepte für das Goldmachen gefunden hat.

Wo liegt das Kloster? In Baden-Württemberg, zwischen Pforzheim und Karlsruhe. Im Tal der Salzach, eingebettet in eine sanfte Wiesenlandschaft.

Seit wann? Es wurde 1147 gegründet. Damals suchte ein halbes Dutzend Zisterziensermönche nach einem Siedlungsplatz – ihr ganzes Hab und Gut auf dem Rücken eines Maultiers. Plötzlich hielt das Tier an einem Brunnen, trank, die Mönche blieben und gründeten ein Kloster namens Mull-Brunnen. Den Esel machten sie zum Wappentier. Ihre Kutten waren weiß und ihr Motto: »Hier treten nur Seelen ein. Das Fleisch dient zu nichts.« Nach der Reformation müssen sie ihr Kloster verlassen (1537). 1556 entsteht eine Evangelische Klosterschule. Die gibt es immer noch.

Zustand heute? Wunderbar (Renovierungskosten seit 1991: ca. 25 Millionen Mark). Seit 14. April 1995 gehört Maulbronn zu rund 410 Denkmälern, die von der UNESCO als Weltkulturerbe anerkannt sind. Die ägyptischen Pyramiden zählen dazu, die Chinesische Mauer, der Steinkreis von Stonehenge, das indische Taj Mahal.

Das Schönste? Es ist ein Kloster, in dem die altehrwürdige Stille immer wieder mal vom Lachen junger Leute unterbrochen wird, denn in dem hier angesiedelten (staatlich anerkannten) Gymnasium erforschen um die 50 Schülerinnen und Schüler die Welt. Wer die Prüfung besteht, studiert und wohnt (im evangelischen Seminar) umsonst. Wer durchfällt, zahlt 630 Mark monatlich (Stand von 1994). Soll heißen: Wißbegier lohnt sich. Auch Fleiß. Doktor Faust würde diese Regel gefallen.

Was ist noch im Originalzustand? Vieles. Zum Bei-

spiel das 92sitzige geschnitzte spätgotische Chorgestühl der Mönche in der Kirche, mit spannenden Bibelszenen verziert.

Und (hinter dem Altar der Laienbrüder) das große
Maulbronner Steinkruzifix, 1473 aus einem einzigen
Steinblock gemeißelt.

Was in Maulbronn sonst geschah? Nicht viel. Wer
kam, mußte schweigen, beten, lernen, fasten, träumen.
Doch die, die kamen, prägten ihre Zeit.

Wie Johann Kepler (1571–1630), der kurzsichtige
Astronom, der hier seine Lehrjahre verbrachte, und
jammerte: »Ich wurde ständig von Schäden der Haut
geplagt.« Später, als Hofmathematiker des Kaisers
Rudolf II. (dessen Schwäche für Alchemie und Horosko-
pe in ganz Europa berühmt war), entwickelte er den
ersten Entwurf für ein astronomisches Fernrohr.

Oder wie Friedrich Hölderlin (1770–1843), Kultdich-
ter der Romantiker *(Hyperion)*. Auch er jammerte. 1787
schrieb er seiner Mutter: »… ich will also nur so bei
Gelegenheit gestehen, daß Bilfingers Caffee, und mein
Zucker verbraucht sind, und daß ich mich inzwischen
manchmal nach einem Frühstück gesehnt habe – bei
dem frühen Aufstehen – und dem beständigen starken
Angreiffen des Kopfs – und neulich zwang ich mich wieder mit schröcklich leerem Magen zur Suppe, die Ihr
hungrigster Tagelöhner ungern essen würde – und da
wurde mir so weh, daß ich beinahe vor Aerger die
Schüssel an die Wand geworfen hätte.«

Andererseits hat er sich hier erstmals (und auch noch
»beim ersten Anblick«) verliebt: in Louise Nast. Er war
16, sie 18 und Tochter des Klosterverwalters. Aber von
einem schwärmte er fast noch mehr als für die junge

Frau: »Seliges Land! Kein Hügel in dir/wächst ohne den Weinstock!«.

Auch der Nobelpreisträger Hermann Hesse (1877–1962, *Der Steppenwolf*) paukte hier einst als Klosterschüler. In seinem Gedicht *Im Kreuzgang* (1914) steht: »Verzaubert in der Jugend grünem Tale/ Steh ich an moosigen Säulenschaft gelehnt/ Und horche, wie in seiner kühnen Schale/ Der Brunnen klingend die Gewölbe dehnt.«

Und Caroline Schlegel-Schelling (1763-1809), zentrale Figur der Frühromantik, ist hier gestorben (nach einem Besuch bei ihrer Schwiegermutter). Auch die Liederdichterin Magdalena Sibylla Rieger, Tochter des Klosterpräzeptors, die 1743 zur kaiserlichen Dichterin gekrönt wurde.

Was ist noch so, wie's mal war? Das 92sitzige Chorgestühl der Mönche, geschnitzt um 1450. Ein Steinkruzifix aus dem Jahre 1473.

Besichtigungstips:

• Mit einem Glas Elffingerwein an der Weinsäule im Speisesaal auf das Wohl von Dr. Faust anstoßen. Dieser Wein rann einst tröpfchenweise in eine schmale Rille, die Mönche durften ihre zehn Finger hineintunken und abschlecken. Ein Novize seufzte einmal: »Hätt' ich doch elf Finger!« So kam der Wein zu seinem Namen.

• Übrigens: Im fünf Autominuten enfernten Knittlingen gibt es ein Faust-Museum.

• Friedrich Schempf, der Hotelbesitzer der »Klosterpost«, steht im Guinness-Buch der Rekorde – als der Mann, der die »längste Maultasche der Welt« schuf.

Das schönste Foto fürs Familienalbum entsteht im östlichen Klosterhof. Hier finden Sie den sogenannten Kugelbrunnen mit seiner herrlichen Wasserschale – als Hintergrund ideal.

Mehr Infos: 0 70 43/20 53.

Die Bavaria in München

Und plötzlich kletterten 30 Männer aus dem Kopf

Ein strahlender Herbsttag. Tausende drängen sich auf der Theresienwiese zu München, allerorts riesige weiß-blaue Fahnen. Blaskapellen, Bier und Brezen. Die Münchner sind gekommen, um die neue Bavaria zu sehen. *Ihre* Bavaria. Man schreibt den 9. Oktober 1850.

Endlich fallen die hohen Bretterwände, die sie verhüllten. Freudenrufe, endloser Jubel, Kanonendonner, dreimaliges Hoch. Ludwig I., der seit zwei Jahren kein König mehr ist, weil er nach seiner Affäre mit Lola Montez zurücktreten mußte, weint und ruft: »Ich bin 64 Jahre, hab' viel des Schönen gesehen, so Schönes noch nie, ich habe viel Freuden erlebt, doch eine solche Freude noch nie!« Er ist glücklich, denn es war seine Idee, diese Bavaria aufzustellen. Entstanden ist ein Koloß: 28,7 Meter hoch, allein der Arm sieben Meter, der Zeigefinger 93 Zentimeter lang.

Wie ist sie? Ernst, kraftvoll und stämmig. Ein »majestätisch jungfräuliches germanisches Weib« (so der Künstler, der sie schuf). Im langen Untergewand, mit einem Bärenfellüberwurf. Gescheiteltes Haar, auf dem Haar ein Eichenlaubdiadem. In der linken Hand hält sie einen Ruhmeskranz aus Eichenlaub, in der rechten ein

Schwert. Ihr zur Seite steht das bayerische Wappentier, der Löwe.

Ludwigs Absicht war es, sein Bayern zu hellenisieren und aus München ein »zweites Athen« zu machen. Mit einer Akropolis – auf der Theresienwiese. Und der Bavaria – als Nachfahrin von Pallas Athena. Auf alle Fälle ist sie ein Sinnbild der Heimat und gleichzeitig eine Verherrlichung Bayerns, entstanden aus türkischen Kanonen.

Und das war so: 1827 vernichteten Rußland, Frankreich und England bei einer Seeschlacht die türkisch-ägyptische Flotte. Damit wurde Griechenland frei und Ludwigs zweitältester Sohn Otto König von Griechenland (1832). Er ließ die versunkenen türkischen Kriegsschiffe heben, ihre Kanonen nach München liefern, und hier wurden sie auf allerhöchsten Befehl eingeschmolzen: »Wiederholt erschien der König in der Gießerei und erkundigte sich: `Wieviel Kanonen sind noch da? Was kann man daraus machen lassen?´« erinnerte sich der Sohn des Bavariagießers.

Wer schuf Bayerns bombastischen Schutzengel? Den Auftrag erhielt 1825 der Bildhauer Ludwig Schwanthaler (1802–1848). Er baute ein vier Meter hohes Tonmodell, der König war hingerissen, man konnte mit dem Bronzeguß beginnen. 1844, in der Münchner »Königlichen Millerschen Erzgießerei«. Die Arbeiten überwachte der König höchstpersönlich. Die Bavaria besteht aus sieben Teilen.

Allein für das Bruststück mußten 400 Zentner Metall geschmolzen werden. Sechs Männer haben fünf Tage und vier Nächte das kochende Erz mit Eisenstangen in Bewegung gehalten. Das Gebälk des Gußhauses fing

Feuer. Mit kaltem Wasser zu löschen, war undenkbar. Also umwickelte man die brennenden Balken mit feuchten Tüchern. Es funktionierte.

Am 11. September 1844 war das erste Stück fertig. Der Kopf. Der ganze Hof kam, um mitanzusehen, wie das erkaltete Stück aus der Grube gehoben wurde. Der junge Meister Ferdinand Miller (es war sein erster, allein durchgeführter Guß) verwandelte die Arbeit in ein Happening. Er versteckte im Kopf – seine Mitarbeiter. Als der König erschien, brüllten sie los: »Hoch lebe Seine Majestät!« Und dann kletterten sie heraus. Wie viele es wohl gewesen sein könnten, fragte Ludwig. Dreißig, antwortete der Meister. »Ah bah!«, meinte der König und wollte es nicht glauben.

Wo steht die Bavaria? Auf der Theresienhöhe in München, auf der »Schwanthalerhöhe« (gut zehn Meter hoch).

Seit wann? Die offizielle Enthüllung fand am 9. Oktober 1850 statt. Aber schon Wochen vorher fieberte die ganze Stadt dem Ereignis entgegen. Auf einem Plakat der Polizeidirektion hieß es: »Da die Enthüllung durch Umstürzen eines Brettermantels geschieht, haben sich alle Kutscher in diesem Augenblicke ihrer Pferde wohl zu versichern!« Am 6. Oktober fanden »Olympische Spiele« der Handwerksgesellen statt: mit Radlaufen, Ringkämpfen, Stab- und Nackenringen, Steinschleudern mit Felsbrocken.

Der Transport der Einzelteile entwickelte sich zum Massenspektakel. Am 7. August 1850 wurde der letzte Teil von der Gießerei zur Ruhmeshalle gebracht: der Kopf. In einem Festzug. Voraus marschierten zehn Zimmerleute, die das Gerüst um die Statue errichteten.

Hinter ihnen die Blaskapelle. Dann ein Wagen mit der Büste des Künstlers, der die Bavaria schuf, gefolgt von einer Schar von Künstlern. Und erst jetzt der Festwagen mit dem 200 Zentner schweren Kopf (1,87 Meter groß), gezogen von zwölf Rössern. Es regnete. Nach einigen Toasten und Gesängen, punkt 11 Uhr, zogen mehrere Flaschenzüge den Kopf hoch. Um 15.45 Uhr – unter großem Jubel und Trompetenklang – war die Bavaria komplett.

Und – offensichtlich – ebenso teuer wie nutzlos. Ein pompöses Denkmal, das allein dazu diente, seinem Stifter die Bewunderung nachfolgender Generationen zu sichern.

Übrigens: Es ist weder die erste noch die einzige Bavaria in München. Bereits 1594 schuf ein gewisser Hubert Gerhard eine Bronzelady – die *Tellus Bavarica* (Bayerische Erde). Sie zierte bis 1943 den Hofgartentempel.

Die dritte – die *Bavaria victrix* (siegreiche Bavaria) von Friedrich Brugger – wurde 1852 auf dem Siegestor errichtet. Sie ist fünf Meter hoch und lenkt ein Löwengespann. Eigentlich sollte sie ein siegreich heimkehrendes bayerisches Heer begrüßen. Nur: Die Gelegenheiten dazu waren rar, genauer gesagt, es gab nur eine einzige: 1871.

Was ist im Originalzustand? Alles, da die Bavaria den Krieg ohne nennenswerte Schäden überstanden hat (natürlich leicht restauriert).

Was hier sonst noch passierte? Hinter der Bavaria wurde eine Ruhmeshalle errichtet: entworfen 1833 von Klenze. In U-Form, mit 48 Säulen und 77 Marmorbüsten der »ausgezeichneten Bayern« (inkl. Ludwig Thoma).

174

Sie wurde 1944 schwer beschädigt, bis 1972 aber wieder vollständig restauriert.

Die gigantische Bavaria ist nicht nur ein Staatssymbol, sondern auch die Patronin des Oktoberfestes – des größten Volksfestes der Welt. Erstmals wurde es 1810 gefeiert: als der 24jährige Kronprinz Ludwig die 18jährige Therese von Sachsen-Hildburghausen heiratete. Grund genug, die Münchner zu einem Pferderennen auf das Gelände zu Füßen der Bavaria einzuladen. Es gab Bier und Brotzeit (umsonst), und die Wiese wurde nach der Braut getauft – Theresienwiese!

Übrigens: Ludwig I. war ein wahrer Segen für seine Metropole. Er ließ die Universität, die Feldherrnhalle, die Ludwigstraße erbauen. Er liebte es, König und Mäzen zu sein. Aber als ihm der Erzbischof zur Trennung von der Tänzerin Lola (1818–1861) riet, antwortete der Monarch: »Bleib er bei seiner Stola, ich bleib' bei meiner Lola.« Er dankte ab. Und die Lola? Die wurde ihm untreu und verließ Bayern.

Besichtigungstip:

• Innen ist die Bavaria natürlich hohl. Also kann man über eine Wendeltreppe (130 Stufen!) bis zu ihren Augen hinaufsteigen und durch fünf Sehschlitze die Welt bestaunen.

Das schönste Foto fürs Familienalbum gelingt auf der Theresienwiese. Oder aber vom Sockel der Figur.

Mehr Infos: 0 89/2 33 03 00.

Das Kaiser-Wilhelm-Denkmal an der Porta Westfalica

Über dem zauberhaften Wesertal grüßt der Kaiser

Der Blick von oben auf das weite, offene Tal, die Wiesen und Wälder, den großen Weserbogen, vom Kaiser-Wilhelm-Denkmal an der Porta Westfalica, ist überwältigend. Und nicht einmal der bronzene Kaiser stört die Idylle. Das Schwert, auf das er sich mit der Linken stützt, ist eingezogen, der Arm zum Gruß erhoben. Oder ist's ein Segen?

Es ist Wilhelm I. (1797–1888) und dieses Standbild eines von über hundert Wilhelm-Standbildern in Deutschland. Die meisten sind gegen Ende des 19. Jahrhunderts als Produkt der allgemeinen Euphorie nach der Reichsgründung von 1871 entstanden, als die Deutschen froh waren, endlich nur einen Herrscher zu haben. Einen Kaiser. Und indem sie dem Kaiser huldigten, gab die nun endlich geeinte Nation ihr nationales und politisches Selbstverständnis kund.

Dieser Wilhelm (von Prof. Caspar Ritter von Zumbusch aus Wien) ist einer der bekanntesten. Und im Originalzustand. (Das Reiterdenkmal des Kaisers am Koblenzer Deutschen Eck, wo die Mosel in den Rhein fließt, wurde ja am Kriegsende zerstört und 1993 durch eine Kopie ersetzt). Die Figur des Kaisers (sieben Meter hoch) wirkt freundlich, menschlich. Der steinerne Baldachin (50 Meter hoch) über ihm ist monumental, das Denkmal (88 Meter hoch) mit der riesigen Plattform (120 Meter Durchmesser) kolossal. Es wirkt irgendwie deplaziert. Warum hat man es ausgerechnet hier aufgestellt? An einem Ort, den der Kaiser nie besucht hat, den keine Sage bejubelt, auf dem keine legendäre Schlacht geschlagen wurde? Weil es die Abgeordneten des Provinziallandtags von Westfalen in Münster damals so wollten.

Wo steht es? Auf dem Wittekindsberg, an der Westfälischen Pforte zwischen dem Weser- und Wiehengebirge, sechs Kilometer von Minden.

Seit wann? Es wurde am 18. Oktober 1896 von Kaiser Wilhelm II. eingeweiht. Auch Kaiserin Auguste Viktoria war da, man baute dem Kaiserpaar zu Ehren extra einen Bahnhof! 56 Architekten bewarben sich um den Auftrag. Erbaut hat es Europas prominentester Denkmalarchitekt Bruno Schmitz (der auch das Kyffhäuser-, das Leipziger Völkerschlacht- und das Nationaldenkmal in Rom entwarf). Gebaut wurde vier Jahre, gekostet hat es 833 000 Goldmark. 500 000 kamen von der Provinz Westfalen, der Rest aus Spenden.

Wem gehört es heute? Dem Landschaftsverband Westfalen-Lippe, dem Rechtsnachfolger der Provinz Westfalen.

Was hier sonst noch geschah? In diesem Durchbruchstal trafen die Römer und Germanen aufeinander. Und Karl der Große besiegte 782 den Sachsenherzog Wittekind.

Einst sprudelte hier die sagenumwobene Wittekindsquelle. Karls Roß, mit dem Huf auf dem Boden scharrend, soll sie zum Sprudeln gebracht haben, als sein

Herr mit den heidnischen Sachsen um den wahren Glauben stritt, sagt die eine Legende. Eine andere meint, es sei Wittekinds Pferd gewesen.

Was ist noch so, wie es einmal war? Die »Kaiserstraße«, für das Einweihungsfest gebaut und immer noch gut befahrbar.

Besichtigungstips:

• Die Wittekindsburg, die bekannteste der sächsischen Volksburgen an der Weserpforte.

• Die Königslinde, die König Friedrich Wilhelm IV. am 23. August 1842 persönlich pflanzte, und die Jahr für Jahr mit dem Duft ihrer Blüten betört.

• Das stillgelegte Erzbergwerk in Kleinenbremen: Man fährt mit einem Triebwagen unter die Erde.

• Und – kneippen. Das Städtchen Porta Westfalica ist ein (staatlich anerkannter) Luft- und Kneippkurort.

• Im Andenkenladen am Parkplatz gibt's die üblichen Wimpel, Bierkrüge, Fingerhüte.

• Übernachten sollte man im Hotel »Kaiserhof« direkt an der Weserbrücke: Hier wohnte schon der Kaiser, damals, bei der Einweihung.

Nur zur Information: Es gibt ein zweites Kaiser-Wilhelm-Denkmal, das ebenso berühmt ist wie dieses. Und ebenso dramatisch plaziert – das Kaiser-Wilhelm-Denkmal am Deutschen Eck in Koblenz: ein Standbild aus Bronze auf einem Sockel aus rauhem Beton. Hoch über der Stelle, wo Mosel und Rhein zusammenfließen, also am Kreuzungspunkt von Lebenslinien der deutschen

Geschichte. 15 Meter hoch, 60 Tonnen schwer. Es stellt einen prächtigen Reiter mit Umhang, Degen und Pickelhaube dar. Samt Roß und geflügeltem Genius. Schon imponierend, aber auch irgendwie »abgehoben«. Zu pathetisch, zu theatralisch, zu weit entfernt von unseren heutigen weltkriegsgeschädigten Empfindungen.

Erstmals wurde es 1897 aufgestellt. Damals hat das Volk gejubelt und applaudiert. Ja, gesungen: »Und wenn dereinst die Kriegstrompeten rufen/ Zum ernsten Streit für Vaterlandes Ehr'/ Dann nah'n wir alle dieses Denkmals Stufen/ da fließt uns heilige Begeisterung her/ Als Schutzgeist wirst Du streiten/ Zu Deines Enkels Seiten/ Ihm schwören wir, o stimmet jubelnd ein/ Wir halten fest und treu die Wacht am Rhein.«

Bei Kriegsende wurde das Standbild durch die amerikanische Artillerie vom Sockel geschossen. Danach zierte den Torso die deutsche Flagge. Aufgestellt wurde sie auf dem leeren Sockel am 18. Mai 1953. Der damalige Bundespräsident Theodor Heuss sagte bei der Einweihung: »Wir stehen beisammen in dem einfachen Bekenntnis zu einer neu zu gewinnenden Freiheit … Und nun mögen die Farben Schwarz-Rot-Gold in die Höhe gehen als Symbol für Glauben, für Treue, für Einheit und Recht und Freiheit.«

Seit 1970 votieren die Koblenzer regelmäßig mit 70 bis über 90 Prozent für die Rückkehr »ihres« Kaisers.

Am 2. September 1993 kam er zurück. Der erste Kaiser des neuen Deutschen Reiches wurde zum zweiten Mal aufgestellt. Ausgerechnet am Sedantag. An jenem Tag, an dem 1870 in der Schlacht von Sedan die Preußen die Franzosen geschlagen hatten.

Von 1897 bis 1945 blickte der Reiter gen Frankreich. Jetzt schaut er ins Landesinnere.

Das schönste Familienalbumfoto gelingt vom Parkplatz aus (knapp 150 Meter unterhalb des Denkmals).

Mehr Infos: 05 71/79 12 80.

Das Schloß Sanssouci bei Potsdam

Lichtdurchflutetes Rokokojuwel

Kein Wappen, kein Standbild – der offizielle Haupteingang bleibt stumm. Wer nicht eingeladen war, sollte nicht erfahren, welche Pracht sich den Gästen hinter der nüchternen Fassade erschließt: die weiß und gold schimmernden Säle, die majestätischen Weinterrassen, der Park. So wollte es der Mann, der dieses Schloß bauen ließ: Friedrich II., König der Preußen (1712-1786).

Hier verbrachte er – wenn er keinen Krieg führte – jeden Sommer: in Sanssouci, einem Rokokoschloß vor den Toren seiner Garnisonsstadt Potsdam. Marmorböden, Säulen, vergoldeter Stuck, Deckengemälde. Proportionen, die harmonieren. Heiter, lichtdurchflutet: tagsüber von der Sonne, abends von Dutzenden von Kerzen. Hier gibt es keinen überbordenden Luxus. Zwölf Zimmer nur, behaglich, friedlich. Mit Puppenhaus-Charme. Er liebte es wie kein anderes seiner Schlösser – dieser außergewöhnliche Mann (159 Zentimeter). Man nannte ihn »den Großen«: Er hatte Preußen verdoppelt, die Folter abgeschafft, Religionsfreiheit eingeführt. Er erfand den preußischen Beamten, führte den Siebenjährigen Krieg – von seiner Kriegskunst spürte man kaum etwas.

Ein Genie. Er komponierte 120 Flötensonaten, dichtete auf französisch, sammelte Bilder. An den Wänden hingen zwölf Originale von Rubens, elf von van Dyck, drei von Leonardo da Vinci, neun von Tizian, fünf von Raffael, eins von Tintoretto. Von den ursprünglich 16 Gemälden Watteaus sind heute drei im Berliner Schloß Charlottenburg und vier seit 1945 verschollen. Friedrich war ein Feingeist. Und ein Feinschmecker. Das spürt man Schritt für Schritt.

Friedrich hat Sanssouci nach eigenem Entwurf errichten lassen. Als eine »Herberge« für Männer. Für Denker, Künstler, Musiker – die als Gäste an seinem Tisch saßen, bei seinen berühmten Tafelrunden. Vor allem Frankreichs scharfzüngiger Vorzeigephilosoph Voltaire. Friedrich küßte zur Begrüßung Voltaires Hand, zahlte ihm (bei freier Kost und Logis) 5 000 Taler Jahresgehalt. Schrieb ihm: » Ich liebe Sie von ganzem Herzen!« Weil er mit ihm diskutieren wollte. Über Blutkreislauf, animalische Kräfte, Zusammenhänge im Weltall, Unsterblichkeit, Lyrik. Und wenn sie redeten, hörte der Rest der Welt zu.

Frauen? Unerwünscht. Alle. Seine geliebte Schwester, seine ungeliebte Gattin, ja sogar die Tänzerin Barberina, die er verehrte (aber nicht begehrte). Denn hier wollte Preußens König völlig ungestört sein. Ohne Sorgen. Auf französisch: *sans souci*.

Und: hier wollte er begraben sein. Noch bevor die sechs Weinterrassen angelegt wurden, ließ er eine Gruft graben und mit Marmor auslegen: »Wenn ich dort bin, werde ich ohne Sorge sein«, sagte er.

Nur: Was tut ein König »ohne Sorgen« den ganzen Tag? Fritz lebt streng nach Plan: Um vier Uhr früh wird er geweckt (»Notfalls mit Gewalt!« O-Ton Friedrich), rasiert, frisiert, die Perücke gepudert. Dabei liest er Briefe, studiert den Küchenzettel, den Tagesbericht über den Zustand seines Heeres (130000 Mann).

Um sieben Uhr zieht er sich in die runde Bibliothek zurück, trinkt die erste Tasse Kaffee mit einem Löffel Senf (gegen Schlaganfall). Liest, dichtet, übt Flöte, darf nicht gestört werden. Von neun bis elf Uhr regiert er. Im Arbeitszimmer: Seine Kabinettsräte tragen Probleme vor, er entscheidet. Sein Wort hat Gesetzeskraft. Um elf Uhr nimmt er entweder vor dem Potsdamer Stadtschloß die Parade der Garnison ab oder geht mit seinen Windhunden spazieren.

Punkt zwölf Uhr mittags öffnet ein Kammerlakai die Tür (die in den Marmorsaal führt) für den König und seine Gäste. In der Mitte steht ein großer runder, festlich gedeckter Tisch. Dann betreten zwölf Köche mit den (auf Platten ausgelegten) Speisen den Saal und servieren. Inzwischen diskutiert man, selbstverständlich auf französisch. Hier herrscht die Freiheit des Gedankens.

Ab drei Uhr regiert er wieder (auf deutsch). Ist alles erledigt, trinkt er eine grosse Tasse Kaffee und verschwindet wieder in die Bibliothek. Ab sieben Uhr abends wird musiziert – Solist ist der König.

Gegen neun Uhr ein Souper im kleinen Kreis, um elf Uhr legt er sich auf sein eisernes Feldbett.

In der Nacht zum 17. August 1786 ist der König hier gestorben. Um 2.20 Uhr, in den Armen des Lakaien Strützki. Der Alte Fritz war 74 Jahre alt. Seine letzten Worte auf französisch: »Es geht gut. Der Berg ist überschritten.«

Unter seinen von ihm verfaßten Gedichten finden sich diese seltsamen Zeilen:

»Noch gestern sah ich durch mein Perspektiv/ Nach einem winzigen Planeten hin./ Zwey Nationen ward ich dort gewahr, / Die um einen Haufen Sand sich streitig machen.«

Wann ist Sanssouci entstanden? Am 13. Januar 1745 erläßt Friedrich II. »zwei Kabinettsorder zum Bau«. Zwei Tage nach dem Baubefehl liegt eine detaillierte Materialaufstellung vor: Gebraucht wurden »600 000 gute rothe Mauer Steine«, 220 Steine aus Glindow, 36 000 Dachsteine, 5 200 Wispel Kalk und »extraordinair starckes Bauholz«. Aus Sachsen kommt Pirnaer Sandstein, dessen zoll- und schleusenfreie Abfertigung auf sächsischem Gebiet durch den Dresdner Hof bewilligt wird.

Am 14. April (er kämpft mit seinen Soldaten im Zweiten Schlesischen Krieg) wird der Grundstein gelegt. Am 2. Mai 1747 zieht er ein. Ein Bautempo, über das heutige Architekten nur fassungslos staunen können. Der Bau kostete (einschließlich Möbilierung) 283 995 Taler, 9 Groschen und einen Pfennig (eine vierköpfige Lohnarbeiterfamilie lebte von 90 Talern jährlich.

Was ist noch im Originalzustand? Friedrichs Sterbestuhl im Schlafzimmer. Und der Schloßname über der mittleren Terrassentür. In vergoldeten Bronzebuchstaben: »SANS, SOUCI«. Zwei Worte, getrennt durch ein Komma. Ein Komma? Friedrich war ein Perfektionist. Dieses Komma ist kein Zufall. Experten glauben, er wollte damit den Gästetrakt links (vor dem Komma, also »ohne Sorgen«) von dem Trakt mit seinen Privaträumen rechts (nach dem Komma, also »mit Sorgen«) trennen.

Aber es gibt auch Menschen, die behaupten, diese Schreibweise entspräche schlicht der damaligen Grammatik.

Was hier sonst noch passierte? Zu bestimmten Zeiten erinnerte das Rokokoprachtstück an einen Zwinger – denn Friedrich liebte seine Hunde (zeitweise 70 bis 80) so sehr, daß er sie auf den kostbaren Böden einfach herumtollen ließ. Sein Lieblingstier durfte bei ihm im Bett schlafen (und wurde deshalb von den Berlinern »Madame Pompadour« genannt). Und die Diener mußten den Hund mit Sie anreden!

Friedrichs Nachkommen benutzten das Schlößchen als Sommerresidenz, seit 1918 ist die Anlage Staatsbesitz. Im Cecilienhof (das Deutschlands letzter Kaiser für den Kronprinzen Wilhelm und seine Frau Cecilie bauen ließ) verhandelten im Juli 1945 die Sieger Truman, Stalin und Churchill über das Schicksal Deutschlands.

Besichtigungstips:

• Verlaufen Sie sich einfach im Park (290 Hektar, 40 Eingänge). Nur so entdecken Sie die exotischen Bäume, Hecken, romantische Lauben, Alleen, Springbrunnen, Götterstatuen, Tempelchen, Steinbänke.
• Vor dem Bau der Schloßanlagen gab es hier einst riesige Nutzgärten: Obst- und Gemüsegärten, Orangen- und Melonenhäuser. Unter Friedrich wurden die Rampen südlich des Weinberges mit Walnuß- und Eßkastanienbäumen bepflanzt. Westlich vom Schloß entstand ein Gebäude, in dem die Kübelpflanzen von der Terrasse überwintern konnten. Auf der anderen Seite wurde

das erste heizbare Treibhaus für Obstbäume (Kirschen, Pflaumen, Pfirsiche) und Wein errichtet. Und sechs Terrassen mit Melonen. Und noch ein Häuschen – wo Ananas und Bananen wuchsen.

• Ja nicht vergessen: Friedrichs zweites Schloß. Das Neue Palais (240 Meter lang, 300 Zimmer), das er »Prahlerei« nannte, weil es ihm zu groß und protzig war.

• Besichtigung nur mit Führung (und Filzpantoffeln) möglich. Fotografieren ist drinnen verboten. An den Kassen gibt's aber Dias, Postkarten, Führer.

Das ideale Foto fürs Familienalbum: am Fuß der Weinbergterrassen, dort, wo die große Fontäne ihr Wasser in die Luft sprüht.

Mehr Infos: 03 31/29 31 90.

Der Dom von Quedlinburg

Hier regierten sehr lange nur Frauen

Aus dem Westen, dort, wo die Sonne untergeht, kommt alles Böse, glaubten die Menschen im Mittelalter. Und so stellte man oft in den Kirchen den Sitz der Herrscher an die Westwand – als Schutzbarriere gegen die Mächte der Finsternis. Wie in der Westempore der Stiftskirche St. Servatius in Quedlinburg. Hier saßen einst Kaiser und Könige (wenn zu Besuch) und (täglich) die Äbtissin des Stiftes.

Ein herrlicher Bau. Streng, schlicht, voller Würde. Auf einem steilen Felsen, hoch über mittelalterlichen Fachwerkhäusern und kopfsteingepflasterten Gassen. Auf einer Seitenpforte aus dem Entstehungsjahr ein springender Hund mit Halsband: das soll uns an die Bändigung des Wolfes erinnern.

Drinnen: ein schmaler, hoher Chor, mildes Licht, Stille. Die mächtigen Wände haben alle Kriege heil überlebt, Gebete von Reichen und Armen, von Unschuldigen und Sündern gespeichert. Man spürt ihr Geflüster, die Jahrhunderte.

Es war eine Frau, die diese Kirche erbauen ließ: Mathilde die Heilige (um 895–968). Erzogen im Kloster, verheiratet mit dem Sachsenherzog Heinrich (um 875-936). Sie hatten fünf Kinder. 919 wurde ihr Mann erster König des Ostfränkischen Reiches. Er ließ die Pfalz vergrößern und schenkte sie ihr – als Witwengut.

Mathilde war schön, gebildet, intelligent. »Allenthalben gepriesen und von allen geliebt.« Sie ließ über Heinrichs Grab eine Kirche errichten. Und daneben ein »Reichsfürstliches Frauenstift«, ein Internat für junge Adelsdamen, für die sich kein standesgemäßer Ehemann fand. Sie lernten hier Kochen und sämtliche Hausarbeiten, aber auch Mathematik, Chemie, Biologie und – selbständig zu denken und zu entscheiden. Wie Manager. Natürlich gab's diese Erziehung nicht zum Nulltarif: Die Damen mußten eine Aussteuer mitbringen. Wie für eine Ehe. Das machte das Stift reich und mächtig.

Die erste Äbtissin war Mathildes Enkelin: Mathilde II. (955–999). Mit zwölf Jahren kam sie ins Stift, mit 14 übernahm sie den Job. Als ihr Neffe Otto III. anno 997 gegen Rom zog, ernannte er sie zu seiner Stellvertreterin. Als Statthalterin von Sachsen hielt sie sogar zwei Reichstage ab. Und auch sie ließ bauen, eine noch größere Kirche. Als diese abbrannte, wurde auf ihren Grundmauern ein Neubau errichtet, 1129 dem hl. Servatius geweiht.

Das Stift regierte die Stadt, die Äbtissinnen das Stift. Auch nach der Reformation (ab 1535), als das Kloster von lutherischen Adelsdamen übernommen wurde. Die Äbtissin Aurora von Königsmarck wurde Mätresse von August dem Starken, eine andere verkaufte lieber einen Teil des Domschatzes, um Reparaturen an den alten Gemäuern finanzieren zu können. 1802 wurde die letzte Äbtissin gewählt: Sophie-Albertine, Prinzessin von Schweden. Als Folge der Säkularisierung wurde später das Stift aufgelöst.

39 Äbtissinnen regierten hier. Zum Wohle ihrer Stiftsdamen, zum Gedeihen der Stadt. 22 sind im Dom begraben.

Seit wann ist Quedlinburg eine Stadt? 922 erstmals erwähnt, erhält es 994 das Markt- und Münzrecht sowie die Zollfreiheit.

Wo liegt Quedlinburg? In Sachsen-Anhalt.

Was hier sonst noch passierte? Die kaiserliche Familie pflegte hier Ostern zu feiern. Und sie kam nicht mit leeren Händen, sondern stattete ihre Stiftskirche mit kostbaren Reliquien, wertvollen Handschriften und Landbesitz aus. So entstand hier einer der wertvollsten Schätze des Mittelalters.

Erst gegen Kriegsende wurde der Domschatz in die bombensichere Altenburghöhle bei Quedlinburg ausgelagert. Dort fanden ihn 1945 US-Soldaten. Und als sie abzogen, nahm einfach US-Oberleutnant Joe Meador (damals 29 Jahre alt) ein paar der »Klunker« mit. Er verschickte die rund 1 000 Jahre alten Prunkstücke des Domschatzes per Feldpost in seine Heimatstadt Whitewright/Texas. Dort schlummerten sie im Banksafe einer Filiale der First National Bank bis zu seinem Krebstod 1980 in zwei abgegriffenen Pappkartons.

Joe Tom Meador wurde 1916 geboren. Sein Vater hatte einen Eisenwarenladen, war Diakon der Baptistenkirche. Das gelbe Backsteingebäude nahe der Main Street mit dem verblaßten Schild »Meadors Inc. Hardware Farm Equipment« ist heute noch eines der größten Häuser des Präriestädtchens. Mutter Maybelle interessierte sich für schöne Künste (daher wohl das Interesse des Sohnes an Kunstobjekten!). Für ihr Engagement auf dem Gebiet der Kulturaktivitäten wurde sie

1971 gar zur »hervorragenden Bürgerin« ernannt. Ihr Sohn Joe galt als scheu. Aber nach dem japanischen Überfall auf Pearl Harbor meldete er sich freiwillig zur Armee. Am 9. Juni 1944 landete seine Einheit in der Normandie, Monate später endete der blutige Feldzug im Harz.

Am 11. Mai 1945, drei Tage nach Kriegsende, zog sich Meadors Feldartilleriebataillon aus Quedlinburg in Richtung Westen zurück. Sein Raubgut war unterwegs nach Texas. In seinem Testament heißt es: »Silber, Porzellan und die feinen Gläser gehen an die geliebten Nichten und Neffen.«

Erst 1993 kam der Domschatz nach einem komplizierten, langwierigen Vergleich mit Meadors Erben zurück.

Sie finden ihn in der ehemaligen Sakristei: das mit Edelsteinen besetzte Reliquienkästchen Heinrichs I., einen mit Rubinen geschmückten Bartkamm aus Elfenbein, das karolinische Samuhel-Evangeliar aus dem 9. Jahrhundert.

Was ist noch so, wie es mal war? Die Hallenkrypta unter dem Dom mit romanischen Gewölbefresken.

Besichtigungstips:

• Die Reste des Sarges Heinrichs I. in der Krypta. Daneben der Sarkophag seiner Königin Mathilde. Seine Gebeine verbrannten bei dem Feuer von 1070, ihre haben die Flammen verschont.

• Fünf kleine Stücke, Überreste des legendärsten deutschen Teppichs: Äbtissin Agnes von Meißen ließ ihn knüpfen. Er zeigte Szenen aus der griechischen Mythologie und schmückte den Chor – bis ihn die protestantischen Stiftsdamen zerschnipselten und als Fußabstreifer verwendeten.

• Der Kräutergarten auf dem Schloßgelände und der barocke Rosengarten daneben, angelegt nach den Vorschriften der Stiftsdamen im 12. Jahrhundert.

• Und natürlich – die Altstadt: 300 der 12000 Fachwerkhäuser wurden von der UNESCO 1994 als Weltkulturerbe eingestuft.

• An der Domkasse gibt's Postkarten und Dias, in der Altstadt das historische »Cafe am Finkenherd« (17. Jahrhundert). Hier soll Heinrich der Vogler am Finkenherd gesessen haben, als man ihm 919 die Reichsinsignien überreichte.

• Übrigens: Am 2. Juli 1724 wurde in Quedlinburg der Dichter Friedrich Gottlieb Klopstock *(Der Messias, Die Gelehrtenrepublik)* geboren. Er schwärmte: »Von dem Schloßberg ab liegt der ganze Harz vor dem Besucher wie ein Weihnachtsgeschenk.«

Das beste Foto fürs Familienalbum gelingt Ihnen von unten, von der Altstadt aus.

Mehr Infos: 03946/2866.

Der Dom zu Speyer

Fünf Jahre lang durfte der Kaiser nicht begraben werden

Wer herrscht, der baut, der will seiner Macht ein Denkmal setzen, seinen Namen in Stein verewigen – für immer und ewig. Und so entstehen Paläste, Kirchen, Schlösser, die uns heute viel vom Selbstverständnis der Mächtigen von damals offenbaren. Den Dom zu Speyer ließ Konrad II. (990–1039) bauen, der erste Kaiser aus dem Hause der Salier, die den Ottonen auf den deutschen Thron folgten.

Als Konrad gekrönt wurde, hatte Speyer immer noch keinen repräsentativen Dom. Wahrscheinlich entstand das Bistum bereits im 4. Jahrhundert. Nur hatten die Bischöfe nie genug Mittel gehabt, sich selbst einen Dom zu bauen.

Konrad ließ die damals größte Kirche des ganzen Abendlandes errichten. Als Zeichen seiner Macht und seiner christlichen Gesinnung sowie als eine würdige große Familiengrabstätte. Die Salier herrschten in Speyer von 1024 bis 1125, als im damaligen deutschen Reich höchstens 5,5 Millionen Menschen lebten.

Ein gewaltiger Bau. Überwältigend in seiner Geschlossenheit. Vier Türme, zwei Kuppeln, die Wände bis zu sechs Meter dick. 133 Meter lang, 55 Meter breit, die Kuppeln bis zu 58 Meter hoch – das größte Bauwerk der romanischen Epoche in Deutschland. Wuchtig, aber licht. Erhaben, nicht düster.

Allein schon dieser Weg, die Maximilianstraße, auf der einst die Kaiser auf den Dom zuschritten. Und drinnen überfällt jeden – selbst den abgehärtetsten Touristen – die Ehrfurcht. Man erlebt den Raum, spürt, wie er vor Jahrhunderten auf die Betenden gewirkt haben muß. Denn die Kirche ist sozusagen leer. Nichts lenkt hier ab – keine Heiligenfiguren, keine Leuchter, keine Beichtstühle, kein Schnitzwerk, keine Buntglasfenster wie anderswo. Dieses Beiwerk ging im Laufe der Jahrhunderte verloren. Das Raumerlebnis blieb jedoch – diese Ahnung, was groß und göttlich und ewig heißen mag. Das konnte niemand stehlen.

Dieser Dom ist der erste, der nur einen Hauptchor hat: Die älteren Dome von Worms und Mainz besitzen einen Ost- und einen Westchor. Im privilegierten Westchor saß der Landesherr – um seinen Einfluß auf die Kirche zu demonstrieren.

Indem der Kaiser diesen Sitz aufgegeben hatte, bestätigte er die Unabhängigkeit der Kirche von der weltlichen (sprich: seiner) Macht. Ja, er ging noch einen Schritt weiter: »Konrad der Speyerer« trug bei feierlichen Anlässen eine Stola – wie ein Priester. Und an Hochfesten assistierte er dem Bischof bei der Messe als Diakon. Warum? Weil er – unter anderem – die geistlichen Stände für die Festigung seiner Hausmacht brauchte.

Sein Enkel, Heinrich IV. (1050–1106), ließ den Dom zwar vollenden, die Geisteshaltung seines Vorfahren gegenüber der Kirche übernahm er aber nicht. Er legte sich mit dem Papst an. Es ging um die Frage: Wer hat das Recht, Kirchenmänner in ihr Amt einzusetzen – der Kaiser oder der Papst? 1076 erklärten die Reichsbischöfe (Verbündete des Kaisers, weil von ihm ernannt) den Papst kurzerhand für abgesetzt.

Die Antwort des Papstes: Er belegte Heinrichs Land mit einem Kirchenbann. Im Klartext: Seine Kirche verweigerte den Gläubigen ihre »Dienste« – die Sakramente. Es gab keine Taufe, keinen Hochzeitssegen, kein Begräbnis mehr. Für Heinrich ein Überlebenskampf. Denn seine Untertanen fürchteten (wie er ja auch) den Teufel, die Hölle – davor konnten sie nur (glaubte man) die Sakramente wirksam schützen.

Heinrich gab nach, pilgerte von Speyer aus 1077 nach Canossa (Norditalien), um sich mit dem Papst zu versöhnen. Der Papst ließ den König barfuß im grauen Büßerhemd drei Tage lang vor seiner Burg warten. In bitterer Kälte. Erst dann löste er seinen Bann. Ihr Streit ist längst vergessen. Wenn aber heute ein Mensch für Fehler oder Böses bestraft wird und ihn höchstens noch eine angemessene Entschuldigung retten kann, heißt es noch immer: Der muß den Gang nach Canossa antreten.

1099 bestimmte Heinrich IV. seinen Sohn zu seinem Nachfolger. Es war ein Versuch, sein Reich zu retten. Damit begann einer der dramatischsten Vater-Sohn-Konflikte unserer Geschichte. 1105 zwang der Kronprinz seinen Vater zum Verzicht auf die Krone. Das Land jubelte ihm zu: Denn er hat es erlöst, indem er sich (auf Papas Kosten) mit dem Papst versöhnte. Ein Jahr später starb der Vater.

Der widerspenstige König Heinrich IV. ruht in einem schweren, einfach gehauenen Sarkophag aus Sandstein

in der Krypta. Selbst sein »letzter Weg« war abenteuer-
lich: Nach seinem Tod wurde der Sarg in den Dom
gebracht – durfte aber nicht beigesetzt werden. Nicht in
geweihter Erde – die Rache des Papstes!

Sohn Heinrich V. (1086-1125) ließ den Leichnam seines Vaters in der Afrakapelle aufbahren. Das durfte er,
denn diese Kapelle war immer noch nicht geweiht –
auch ein Mahnakt des Papstes. Der damals schon
»abtrünnige« Heinrich IV. hatte sie (1076) gebaut (und
zwar als Schrein für eine Reliquie der Heiligen von
Augsburg). Erst fünf Jahre später – anno 1111 – durfte
der Sohn den Toten bestatten, nachdem er erreicht
hatte, daß der Papst seinen Bann aufhob. Damit erfüllte
er den letzten Wunsch seines Vaters.

Am Tag der Beisetzung wurde – auf seinen Befehl hin
– über dem Domportal eine Wohltat verkündet. In goldenen Lettern (und mit seinem Bild): Alle Armen der
Stadt erhalten an jedem Jahrestag der Beisetzung seines Vaters ein Brot. Aber nur – wenn sie zuvor mit Kerzen in den Händen die Heilige Messe besuchen und für
seinen Vater beten.

Von da an hörten die Schenkungen Heinrichs V. für
den Dom auf. Schlagartig. Er hatte seinen Vater begraben, sein Reich gerettet, seine Feinde bestraft.

Die Krypta: ein halb verborgener Raum unter dem
Chor, weiter getragen von Säulen und Pfeilern, einfach
und klar, aus weißem und rotem Sandstein. Erbaut für
die Sarkophage der Herrscherdynastie. Ihre Särge standen ursprünglich auf dem Boden, in Erde gebettet. Die
Särge von vier deutschen Kaisern, vier deutschen Köni-
gen und vier deutschen Königinnen.

Übrigens: Die Kaiserkrone, die sie trugen, wird heute

in Wien, in der Schatzkammer der Hofburg zusammen mit dem Reichskreuz, dem Kaisermantel und weiteren Kleinodien aufbewahrt, weil sie einer der Habsburgerkaiser mit »nach Hause« nahm.

Architektonisch gesehen ist diese Krypta ein wagemutiges Experiment: Sie besteht aus vier Schiffen, jedes wird von dreimal drei quadratischen Kreuzgewölben überfangen. Diese Einteilung war neu, wurde viel nachgeahmt – in Verona, Modena, Bari usw.

Wann wurde der Dom gegründet? Grundsteinlegung: 1030. Die Einweihung fand 1061 statt, obwohl die Kathedrale noch nicht vollendet war.

Wo steht der Dom? Im Osten der Stadt, am Rand des Domgartens, am rechten Ufer des Rheinflusses Speyerbach. 1981 wurde er von der UNESCO zum Weltkulturerbe erklärt.

Was hier sonst noch passierte? Als 1439 Bischof Reinhard hier einzog, »drängten sich alle wild herbei, die freie Gabe zu kosten. Manche wurden mit Kleidern und Schuhen in den Wein hineingestoßen und mußten halbtrunken davongeführt werden.«

Aus einem Fest wurde ein Brauch, der Domnapf bei besonderen Ereignissen »zu des Volkes Lust und Fröhlichkeit«. Erwähnt wird die steinerne Schüssel (für rund 1500 Liter Wein) erstmals 1314. Der Napf steht vor dem Hauptportal – wie ein Grenzstein, der früher das bischöfliche und städtische Machtgebiet trennte.

Während des großen Stadtbrandes von 1689 wurden auch die beiden vorderen Türme zerstört, später historisch getreu wiederaufgebaut.

Hoch oben, in den romantischen Rundungen, prangen Fresken, die der Bayernkönig Ludwig I. von 1846 bis 1853 malen ließ. Er hat es gut gemeint – dennoch hätte er es lieber sein lassen sollen: Denn, um Malflächen zu schaffen, wurden einige Fenster zugemauert, Gesimse einfach abgeschlagen.

Was ist im Originalzustand? Der Ostteil der Krypta. Und die beiden Kapellen, die an die Querhäuser angebaut wurden.

Besichtigungstip:

• Das Historische Museum der Pfalz zeigt etwa 140 Objekte, darunter die Grabkronen aus den Sarkophagen in der Krypta. Interessant ist auch das Judenbad.

Schlecht zu sagen, ob's das schönste Foto für das Familienalbum wird – aber ein wundervolles entsteht, wenn Sie es während einer Dampferfahrt vom Rhein aus aufnehmen.

Mehr Infos: 06232/14392.

Die Wies bei Steingaden

Wenn die Lory nicht so fromm gewesen wäre...

In jenen fernen Zeiten, »als der Gottessohn noch weinen konnte«, haben zwei Mönche im Kloster Steingaden einen »Gegeißelten Heiland« für die Karfreitagsprozession gebastelt – Pater Magnus Straub und Bruder Lukas Schweiger. Sie setzten ihn aus Teilen verschiedener Holzfiguren zusammen (eine »Second-hand-Figur« also). Die Gelenke überzogen sie mit Leinwand, die Leinwand bemalten sie mit viel Rot, um das Blut von Christi Wunden möglichst lebensnah zu zeigen. Ihr Glaube war fest, ihr Eifer maßlos, ihre Schöpfung so schrecklich »realistisch gemartert«, daß das Mitleid des gläubigen Volkes keine Grenzen mehr kannte. 1730 wurde die Figur erschaffen; 1734 verschwand sie auf dem Dachboden des Steingadener Klosterwirtes Jeremias Rehle, wo sie Kinder »durch Biegung der Glieder« ramponierten. Bis eines Tages – es war der 4. März 1738 – die Bäuerin Maria Lory von der Wies den Gemarterten entdeckte, ihn mit in ihre Kammer nahm und ihm die Ehre schenkte, die ihm gebührt.

Es ist eine wirre Zeit: Im katholischen Freising bringt es Bischof Johann Theodor auf 35 illegitime Kinder, im Erdinger Moos verfolgt man Hexen, die »Fleisch-Bauch-und-Irr-Lehr« des Martin Luther wird endgültig abgeschmettert, und in Oberbayern findet man alle 14 Kilometer ein Kloster (das weltweit dichteste Netz katholischer Infrastruktur).

Und es geschehen Wunder. Andauernd. So oft, daß es selbst der bischöflichen Prüfungskommission zu viel wird: »Nix gwiß woas ma net«, meldet sie.

Nur hat am 14. Juni 1738 der Gegeißelte der Frau Lory Tränen in den Augen: »Das Tränenwunder in der Wies« ist vollbracht, eine Kirche muß her. Eine Bußkirche – am Ende der Welt.

Sie ist da. Kein übliches Gotteshaus, vielmehr eine Rokokoschöpfung auf einer grünen Wiese. Ihre blaßgelben Wände leuchten zwischen sattem Grasgrün und strahlendem Himmelblau.

Und drinnen – ein Raum aus Licht, der an Mozarts Musik erinnert. Heiter, verspielt, überschwenglich. Der Chor voller Engel. Allerorten Stuckornamente in Weiß und Blau und Gold. Überwältigend diese Leichtigkeit, die das Bauwerk seiner Kuppel verdankt, die lediglich von einem schlichten Lattengerüst getragen wird (keine Steine!). Und auch das Gewölbe schwingt – nicht nur durch Tiefflieger, sondern sogar bei einem Konzert, wenn die Trompeten Fortissimo blasen! Die unvermeidliche Folgen: Risse, abgeplatzte Stuckteile.

Übrigens ist die »Wallfahrtskirche zum Gegeißelten Heiland« eine der wenigen Wallfahrtskirchen, die nicht dem Marienkult gewidmet ist. Sie ist eine Christuskirche, die die zentralen Botschaften des Christentums aufarbeitet: Jesu Leiden, Tod, Auferstehung. Man nennt sie »Festsaal des lieben Gottes«. Oder »ein Stück Himmel auf Erden«. Oder einfach »die Wies«. »An diesem Ort wohnt das Glück, hier findet das Herz seine Ruh'«, so beschreibt Abt Marianus II. Mayer, der Stifter der Kirche, diese Kraftquelle bayerischer Frömmigkeit. Er wohnt in einem Anbau der Kirche (bis zu seinem Tod 1773) und ritzt (eigenhändig) diese Worte in das Fenster des Prälatensaales.

Und Pater Benno Schröfl berichtet 1779: »Was soll ich noch mehr von diesem Gnadenfluß melden, der selber jetzt schon ganz Europa durchströmt, wenn sogar von Petersburg in Rußland, von Gotenburg in Schweden, vom Amsterdam in Holland, von Nimes in Frankreich, von Cadiz in Spanien… Wallfahrer da gewesen?«

Wer hat die Wies gebaut? Die Brüder Dominikus (1685–1766) und Johann Baptist (1680–1758) Zimmermann. Der eine Baumeister und Stukkateur, der andere Freskenmaler. Beide Selfmade-Genies. Sie stammen aus dem Dorf Gaispoint. Es gehörte zum Kloster Wessobrunn und war in ganz Europa als Talentschmiede berühmt.

Die Brüder Zimmermann bauten nicht nur kostengünstig, sondern vor allem mit einem Enthusiasmus, der überall zu spüren und zu sehen ist. Beispiel: Das Deckenfresko zeigt die ganze Heilsgeschichte. Und die geometrische Mitte des Kirchenhimmels befindet sich exakt über dem Herzen Jesu. Noch ein Beispiel: Im Innern der Kanzel haben die Brüder Spiegel verborgen. Fällt das Kerzenlicht auf sie, wird das Auge Gottes über der Kanzel wie durch einen Spot beleuchtet.

Johann Baptist starb als Hofmaler in München. Dominikus konnte sich von »seiner« Kirche nicht trennen. Er baute sich unterhalb des Gotteshauses ein Haus, in dem er bis zu seinem Tode lebte. Zum Dank für das geglückte Werk stiftete er sogar ein selbst gemaltes Votivbild.

Es ist signiert: »D.Z. Ex voto A. 1757.« Und es zeigt, den frommen Meister, kniend vor dem Gegeißelten Heiland.

Wo steht die Wies? Im oberbayerischen Pfaffenwinkel, am Fuß der Trauchgauer Berge. Auf einem Hügel, 870 Meter hoch.

Seit wann? 1743 erhält Dominikus den Auftrag, am 10. Juli 1746 wird der Grundstein gelegt, 1749 ist der Chorraum fertiggestellt und das Gnadenbild übertragen, am 1. September 1754 findet die Einweihung statt.

Was ist noch im Originalzustand? Fast der gesamte Chor in Rot und Blau. Rot ist die Farbe für Blut und Opfer, Blau die Farbe der Gnade und Zuneigung Gottes. Das Rot steigt nach oben, das Blau fließt nach unten.

Was hier sonst noch passierte? In den 80er Jahren war die Kirche vom Einsturz bedroht: Die Druckwellen der Tiefflieger hatten den zarten Putz erschüttert und gelockert. Sie wurde sieben Jahre lang renoviert und am 5. Mai 1991 wiedereröffnet.

Und es kommen rund 1,2 Millionen Besucher jährlich. Ihre feuchte Atemluft verändert das Raumklima, ruiniert den Bau (wie im Potsdamer Schloß Sanssouci übrigens auch) – aber damit hat man sich inzwischen abgefunden.

Besichtigungstips:

• Besuchen Sie die Wies im Sommer, denn es gibt keine Heizung, und in den Frostmonaten frieren selbst die Engelchen (die daher so gut erhalten sind!).

• Über dem Gnadenbild »Der Gegeißelte Heiland auf der Wies« am Hochaltar steht ein vergoldeter Pelikan –

eines der Symbole Christi: Der Sohn Gottes ließ sich sein Herz am Kreuz durch den Speer eines Soldaten öffnen, um den Menschen durch seinen Tod das Leben zu schenken. Ist ein Pelikanjunges in Gefahr, reißt sich – der Sage nach – seine Mutter die Brust auf und nährt es mit ihrem Herzblut.

• Die vier Beichtstühle im Kirchenschiff sind von einheimischen Künstlern geschnitzt und fein bemalt. Das Deckenfresko im Chorraum ist eines der originellsten erhaltenen Werke seiner Zeit: Engel tragen die Leidenswerkzeuge Jesu zu Gott – Geißel, Kreuz, Nägel, Lanze, Schwamm, Dornenkrone, das Schweißtuch der Veronika – und zwar in einer aufsteigenden S-Kurve.

• Und noch ein Detail: Die Säulen rechts vom Hochaltar werden von Lukas und Matthäus »gestützt«. Damit wollten uns die Künstler daran erinnern, daß die beiden Evangelisten die tragenden Säulen der Kirchengemeinschaft sind.

• Und hier ein Volkslied zum Mitsingen:
»Nun, so will ich alles lassen,
Auf die Wies zu Jesu gehn,
Mich begeben auf die Straßen,
Und mit Freuden ihn ansehn.
Schönster Jesu auf der Wies,
Der so voller Gnaden ist.«

Es gibt kein schönstes Foto fürs Familienalbum – weil einfach alle Fotos, die Sie hier machen, wunderschön sind.

Mehr Infos: Verkehrsamt Steingaden 0 88 62/2 00.

Die Porta Nigra in Trier

Hier bekämpfte ein Einsiedler die Teufel

Die mittelalterlichen Chronisten nannten sie *Roma secunda* – das zweite Rom. Johann Wolfgang von Goethe hingegen beschrieb sie als ein »Pfaffennest ... in einer angenehmen Gegend«. Gemeint ist Trier, die älteste Stadt Deutschlands – im Jahre 1984 wurde sie 2000 Jahre alt. Eine Weltstadt der Antike.

Eines ihrer ältesten Gebäude ist die Porta Nigra – das Schwarze Tor, das größte erhaltene Bauwerk des Altertums – das aber seltsamerweise in keiner einzigen römischen Quelle erwähnt wird. Darum wissen wir auch nicht genau, wer es bauen ließ, und warum.

Eines allerdings steht fest: Es ist ein römisches Stadttor, einst ein Teil der Stadtmauer. Die war 6 418 Meter lang, ihre Fundamente bis zu 4,9 Meter tief, die Wände rund vier Meter dick und über acht Meter hoch. Ursprünglich gab es vier Tore, doch nur dieses eine überstand die Kriegswirren der Jahrhunderte – die Porta Nigra.

Ein Monumentalbau, verwittert, schmucklos, militärisch streng: 30 Meter hoch, 36 Meter breit, 22 Meter tief. 144 Fenster mit runden Bogen, riesige grauschwarze Steinquader, ein Doppeltor (5,55 Meter breit; 6,92 Meter hoch), flankiert von zwei Türmen, roh bearbeitete Halbsäulen. Kasernenatmosphäre, vor allem im Hof. Eng, hoch, karg wie ein Zwinger. Und so war's eigentlich auch gedacht. Dieser Hof wurde als eine Falle für die Angreifer konzipiert. Sollten es – wider Erwarten – feindliche Soldaten geschafft haben, das Doppeltor zu nehmen, landeten sie im Hof. Und aus dem gab es kein Entkommen.

Schwarzverwittert ist die Porta allerdings erst seit dem Mittelalter. Der bei Trier gebrochene Sandstein war ursprünglich sehr hell. Er wurde bereits im Steinbruch zu Quadern verarbeitet und baufertig geliefert (um Transportkosten zu sparen). Gemauert wurde das Tor ganz und gar ohne Mörtel. Und wie halten dann die Quader zusammen? Man schichtete sie aufeinander. Wie Kinder ihre Steine aus dem Steinbaukasten. Das funktioniert, weil die Quaderoberfläche perfekt geglättet und horizontal durch riesige Eisenklammern miteinander verbunden wurden.

Seit wann gibt es die Porta? Man kann nur schätzen. Sie war nicht – wie man lange Zeit dachte – ein Trutzbau gegen die germanischen Stämme der Völkerwanderung, denn sie stammt mit Sicherheit aus einer früheren Zeit. Als die »Barbaren« es noch nicht wagten, die Grenzen der römischen Weltreiches anzugreifen. Sie ist allerdings nicht so alt wie die Stadt selbst.

Trier wurde im Jahre 16 v. Chr. von Kaiser Augustus gegründet. 117 n. Chr. wurde es Hauptstadt des Weströmischen Reiches, genannt *Augusta Treverorum*, und Kaiserresidenz: Maximianus, Constantius Chlorus und Konstantin der Große wohnten hier. Schon um 100 n. Chr. baute man ein Amphitheater für rund 20 000 Menschen, um 250 lebten hier 70 000 Menschen (so viel wie heute!). Die Kaufleute hatten Handelskontakte mit Syrien, Griechenland usw. Eine Christengemeinde gab es schon um 200. Um 400 zogen die römischen Truppen von der Rheingrenze ab. Die Reichsverwaltung wurde nach Arles, der kaiserliche Hof nach Mailand verlegt. Um 475 nahmen die Franken Trier und hielten es, allen römischen Gegenangriffen zum Trotz. 870 fiel es dem ostfränkischen Reich zu.

Es gibt noch einen Anhaltspunkt, der helfen könnte, das Alter der Porta festzustellen: Auf den Sandsteinquadern hat man die gleichen Steinmetzzeichen gefunden wie auf den Steinen, die für den Bau der Thermen benutzt wurden. Und die Thermen sind um 150 n. Chr. entstanden.

Wo steht die Porta Nigra? Inmitten der Weinberge an Mosel, Saar und Ruwer. Sie ist der nördliche Zugang zu der Altstadt.

Was ist im Originalzustand? Den Hof konnte man einst durch Fallgatter verschließen – die Laufschienen – in denen die Gitter bei drohender Gefahr zu Boden sausten, sind noch in den Wänden zu erkennen.

Die seltsamen Löcher, die Sie in den Wänden sehen? Hier waren einst Eisenklammern angebracht, und in Zeiten, als Eisen rar und kostbar war, wurden sie einfach herausgezogen. Recycling? Wiederverwendung – für unsere Ahnen selbstverständlicher Alltag.

Was hier sonst noch passierte? Sieben Jahre lang lebte in der Porta Nigra ein Einsiedler, und zwar von 1028 bis zu seinem Tod 1035. Es war der Mönch Simeon aus Syrakus. Der Grieche arbeitete ursprünglich als Pilgerführer in Jerusalem und Bethlehem. Dann reiste er nach Europa, um Spenden für sein Kloster zu sammeln. Er besuchte Spanien und Frankreich, Rom und Trier. Hier traf er den Bischof Poppo von Babenberg (1016-1047), der einen einzigen Wunsch hatte – einmal Jerusalem als Pilger besuchen zu können. Simeon bot sich an, dem Bischof als Dolmetscher und Führer im Heiligen Land zu dienen – und so zogen sie los. Unterwegs wurden die beiden Männer Freunde: Simeon begleitete den Bischof zurück nach Trier. Auch er hatte jetzt einen einzigen Wunsch – als Einsiedler leben zu dürfen. Er ließ sich (feierlich) in einer Zelle des Tores einschließen.

Nun, für den Griechen wurde die Einsamkeit in einer kargen Zelle zu keiner beschaulichen Zeit. Die Teufel bedrängten ihn arg. Und manchmal so laut, daß man den Lärm in der ganzen Stadt hören konnte. Doch schaffte er es immer wieder, sie in die Flucht zu schlagen. Manche Trierer hielten ihn trotzdem für einen Sünder. Und als dann eine große Hungersnot ausbrach, wollten sie ihn aus der Stadt verjagen, denn sie glaubten, er habe sie verursacht. Nur die Autorität des Erzbischofs rettete Simeon damals das Leben. Als der Einsiedler später starb, ließ ihn der Kirchenmann in der Porta Nigra begraben. Auf seinem Grab kam es zu so vielen Wundern, daß der Papst ihn noch im Sterbejahr heiligsprechen ließ. Daraufhin verwandelte Freund Poppo das alte »Heidentor« mit Hilfe architektonischer Verkleidungen in eine christliche Kirche: die Simeonkirche. Am Ostturm wurde eine Apsis angebaut, der Westturm diente als Glockenturm. Und so verdanken wir seltsamerweise die Erhaltung eines Römerdenkmals einem frommen Mönch.

Da die Porta Nigra jetzt nicht mehr als Stadttor

benutzt werden konnte, baute man ein neues kleines Torhaus, wo Fremde und Besucher Zoll zahlen mußten.

Während der Säkularisierung wurde das Tor von seinem romanischen »Kirchenmantel« befreit (dennoch ist ein Teil der Kirche am Ostturm noch erhalten).

Besichtigungstips:

• Wer durch die Porta Nigra geht, kommt zur antiken Basilika, die Kaiser Konstantin der Große um 310 als Aula Palatina des Kaiserpalastes erbauen ließ.
• In der Nähe finden Sie die Reste der Thermen – einer riesigen Bäderanlage (250 x 150 Meter); gut erhalten: das Caldarium, der Saal für heiße Bäder. Das Amphitheater liegt etwas außerhalb der Stadt – aber sehen sollten Sie es unbedingt.
• Und natürlich müssen Sie den Dom und die Liebfrauenkirche in der Altstadt besuchen – eine einzigartige Doppelkirchenanlage, erbaut an der Stelle, wo einst ein Palast der Kaiserin Helena, der Mutter Konstantins des Großen, gestanden hat.
• Interessant zu wissen: In Trier wurde der Philosoph, Ökonom und Begründer des Marxismus, Karl Marx (1818–1883), geboren. Sein Geburtshaus steht in der Brückenstraße 10.

Das schönste Foto fürs Familienalbum: vor der Stadtseite des Tores und im Innenhof.

Mehr Infos: 06 51/97 80 80.

Der Hölderlin-Turm in Tübingen

Jahrzehntelang Hort für den kranken Poeten

Die Stämme der hundertjährigen Platanen spiegeln sich im Wasser, ihre üppigen Kronen schlucken den Straßenlärm. Still ist es hier am linken Neckarufer.

Drüben, auf der anderen Flußseite – ein kleiner Turm. Vergilbter Außenputz, spitzes Helmdach, ein bißchen schief. Friedlich. Als wäre hier die Zeit stehengeblieben: »Ha, wie entzückend… Ich muß mein Herz festhalten!« rief begeistert der Dichter Eduard Mörike (1804–1875), als er 1863 diesen Turm anschaute.

Auch er kam, um sich im Geiste vor dem Mann zu verbeugen, der in diesem Turm 36 Jahre lang lebte: Johann Christian Friedrich Hölderlin (1770–1843). Autor von *Hyperion* und den zärtlichsten Liebes- und Naturhymnen der Romantik. Er kannte Goethe, war ein Freund von Schiller.

Tübingen. Seit 1477 Universitätsstadt, Kulturmetropole Baden-Württembergs. Gedenktafel an jedem fünften Haus. Einst eine Genieschmiede am Neckar. Heute noch: 26 000 Studenten (die Gedenktafel-Anwärter), 80 000 Einwohner.

Hölderlin kam zweimal nach Tübingen. Erstmals, um hier zu studieren. Von 1788 bis 1793. Im Evangelisch-Theologischen Seminar, dem Stift. Mit Hegel und Schelling. Sie wohnten in der Bursa (dem Wohnheim der Stift-studenten). Den Tagesablauf (um fünf Uhr wecken) muß er gehaßt haben, das gefürchtete »Landesexamen« bestand er mit Bravour.

Das zweite Mal in diesem Turm: 1807. Für ein paar Monate, dachte man. Er verbrachte hier 36 Jahre, ist hier am 7. Juni 1843 gestorben.

Er kommt hierher, weil er krank ist. Schizophrenie glaubt der berüchtigte Chef des Autenriethschen Klini-kums. Der Arzt ist fest entschlossen, dem »Narren-maul« den Wahnsinn aus dem Leib zu treiben, schafft es aber nicht. Und für Hölderlin muß es furchtbar gewesen sein. Demütigungen, Dreck, Gebrüll der Mitinsassen, Hoffnungslosigkeit. Sollte Hölderlin vor dem Klinikauf-enthalt eine Chance gehabt haben – sein Arzt hat sie vernichtet.

Und dann passiert ein Wunder. Der Schreinermeister Zimmer, der für das Krankenhaus arbeitet, hat Mitleid mit dem Dichter: »… ich bedauerte sehr, daß ein so schöner Herrlicher Geist zu Grunde gehen soll.« Er nimmt den Verwirrten in seinem Haus auf. In seinem Turm.

Er pflegt ihn. Nach dem ersten Vierteljahr erhält Höl-derlins Mutter die erste Rechnung: »81 Tage Kost: 32 Gulden, 24 Kreuzer. 69 Schoppen Wein: 6,54; Schnupf-tabak: 1,21; Wäsche: 3,00; Lichter: 1,86.«

Der Turm: kühl, mit schwarz-weiß gewürfeltem Fuß-boden. Im Erdgeschoß (wo einst Zimmer Särge und Tische schreinerte) eine Dauerausstellung, im ersten Stock Hölderlins halbrundes Zimmer. Freundlicher als erwartet. Mit Blick aufs Küchengärtle.

Wie lebt er hier? Er schweigt, Stunden. Spielt Klavier,

Stunden, immer wieder die gleiche Melodie. Seine langen Fingernägel klappern auf den Pianotasten. Frau Zimmer berichtet an Hölderlins Mutter: »Gerne unterhält er sich damit, daß er ein Schnupftuch in die Hand nimmt und auf die Zäune damit zuschlägt, oder das Gras ausrauft.« Will er seinen Turm verlassen, muß er um Erlaubnis bitten. Kinder lachen ihn aus.

Manchmal hilft er bei der Obsternte aus. Im Oktober 1811 schreibt Zimmer an die Mutter des Kranken: »Hölderlin rupfte Butterblumen aus und lachte recht, wenn man am Zwetschgenbaum schüttelte und ihm die Früchte auf den Kopf fielen.«

Jahre vergehen. Um Hölderlin verändert sich die Welt. Schiller ist tot. Napoleon erobert Europa, verliert es wieder. Der Dichter merkt nichts davon.

Manchmal schreibt er Verse: »Ich friere und starre in den Winter, der mich umgibt; so eisern mein Himmel ist, so steinern bin ich.« Dichtet so ein Irrer?

Und noch ein paar Hölderlin-Verse: »Sage deinem Herzen, daß man vergebens den Frieden außer sich sucht, wenn man ihn nicht sich selbst gibt.«

Die Welt vergißt ihn. Bis auf die Dichter, die ihn schon damals liebten. 1822 besuchen sie ihn. Dann berichten Ludwig Uhland, Christoph Schwab und Wilhelm Waiblinger: »Der Kranke, die Hände in den nur bis zu den Hüften reichenden Hosen, macht unaufhörlich Komplimente … ein verschwitztes Hemd hängt ihm über dem Leib. Seine Augen blicken so jammerwürdig, daß es einem eiskalt durch Mark und Bein läuft.«

In den letzten Jahren seines Lebens weiß er nicht einmal mehr seinen Namen. Am 27. Januar 1843 bringt ihm ein Freund ein Exemplar seiner soeben erschienenen

Gedichte. Hölderlin liest darin, sagt: »Ja, die Gedichte sind echt, aber der Titel ist falsch. Ich habe niemals Hölderlin geheißen, sondern Scardanelli.«

Warum erkrankte sein Hirn? Man vermutet – an gebrochenem Herzen. Schiller hat ihn 1796 als Hauslehrer nach Frankfurt vermittelt, in die Bankiersfamilie Gontard. Er verliebt sich in die Hausherrin, Susette Gontard. Auch sie liebt ihn … Der Gatte merkt es, der Dichter muß verschwinden, flieht nach Frankreich, schreibt: »Wir waren eine Blume nur … unsre Seelen liebten einander.« 1802 stirbt Susette an Schwindsucht. Und Hölderlins Geist stirbt mit ihr.

Die letzte Rechnung, die Familie Zimmer ausstellt: »Für seine Leiche haben wir ausgelegt… bei der Beerdigung dem Schreiner, Totengräber und Leichenschauer insgesamt 6 Maas Wein … Brot und Käs … Und Kerzen. 13 Gulden und acht Kreuzer.«

Seit wann gibt es diesen Turm? 1779 errichtet, wurde er allein zu Hölderlins Zeiten viermal umgebaut, ist nach seinem Tod bis aufs Erdgeschoß ausgebrannt, wiedererbaut. Er diente als Badeanstalt, Gerberei, Viehstall, wurde als provisorische Gedenkstätte verwendet – bis zu seiner (perfekten) Rekonstruktion 1984.

Besichtigungstips:

• Eine Fahrt mit dem schmalen Stocherkahn, denn vom Neckar aus sieht die malerische, in ihrer mittelalterlichen Substanz erhaltene Stadt am schönsten aus.

• Keine 200 Meter vom Turm entfernt: Die »Alte Burse«, wo seit 1479 die Stiftstudenten (also auch Hölderlin) wohnten, und wo 1514 der berühmte Humanist und Luthers enger Mitarbeiter Philipp Melanchton (1497–1560) schon mit 17 (nach nur zwei Jahren) Professor wurde.

• 500 Meter weiter: das Evangelische Stift selbst, die Kaderschmiede der Reformation; Johannes Kepler (1571–1630), der die Gesetze der Planetenbewegung berechnete.

• Auf dem Alten Friedhof, dem Club der toten Dichter, sollten Sie an Hölderlins Grab über die Macht der Liebe nachdenken.

Das schönste Foto fürs Familienalbum gelingt Ihnen von der linken Neckarseite aus.

Mehr Infos: 07071/91360.

Die Walhalla

Männer – beinahe – unter sich

Tiefe, düstere Eichen- und Ahornwälder, dazwischen blitzt ein Fluß – die erhabene Donau. Eine Urlandschaft. So muß ganz Deutschland vor Jahrhunderten ausgesehen haben. Und dann, plötzlich, steht man vor einem Tempel aus strahlend weißem Marmor. Säulen, luftige Hallen, Reliefs. Athen? Ein Tempel der Akropolis? Nein, nein. Es ist die Walhalla. 31,60 Meter breit, 20 Meter hoch. Die Ruhmeshalle deutscher Patrioten, erbaut von Bayernkönig Ludwig I. (1786–1868).

Ein Denkmal, das zum Nachdenken über Deutschlands Größe – und die Größe seiner Irrtümer – anregt.

Walhalla, sagt der Brockhaus, ist die »Stätte, zu der Odin die im Kampf gefallenen Krieger und Helden beruft«.

Ludwig, der Bauherr, war ein eigenwilliger, aufsässiger Mann. Schon als Kronprinz. Er haßte Napoleon und träumte von Freiheit und einem geeinten Deutschland.

1807. Napoleon hat nach Österreich auch Preußen besiegt. Mit Bayern ist er verbündet. Der Kronprinz Ludwig macht kein Hehl daraus, wie sehr ihm dieses Bündnis widerstrebt. Napoleon erfährt das, befiehlt Ludwig zu sich nach Berlin, zur Demutsdemonstration. Ludwig muß hin.

Aber er rächt sich – auf bayerische Weise. Noch vor der Abreise bestellt er bei dem Bildhauer Gottfried Schadow eine Büste von Friedrich dem Großen. Und gibt öffentlich bekannt, diese Büste solle die erste sein in einer »Ruhmeshalle deutscher Helden«, die er bald bauen würde. Eine Geste nur, aber eine königliche!

1825 wird Ludwig (Großvater des Neuschwansteiner-bauers Ludwig II.) König und – läßt die Halle bauen. Der ausführende Architekt ist sein Hofbauintendant Leo von Klenze (1784–1864), Meister des Klassizismus, der die griechische Architektur für die »einzig wahre und wesentliche« hält. Die Antike ist schon immer das Maß und Ziel deutscher Sehnsucht gewesen. Klenze war es, der auch den (antik anmutenden) Münchner Königs-platz und die Neue Eremitage in St. Petersburg gestal-tete.

Am 18. Oktober 1842 wird die Walhalla eröffnet (nicht eingeweiht!): am Jahrestag der Völkerschlacht bei Leip-zig, in der Napoleon 1813 besiegt worden ist. Bei der Eröffnung sagt Ludwig: »Möchten alle Deutschen, wel-chen Stammes sie auch seien, immer fühlen, daß sie ein gemeinsames Vaterland haben, auf das sie stolz sein können.« Es ist sein Geschenk an Deutschland. Und der Beweis? Ludwig finanziert diesen Bau aus seinem Pri-vatetat.

Seine Küche wird europaweit als »kärglichst« ver-spottet. Er läßt in der Tat sehr preisbewußt kochen. Und seine einfache Garderobe, mit der er sich begnügt. Seine Untertanen tragen bessere Kleidung als er. Nun – wie reagiert er auf diesen Spott? Königlich: Er muß ja sparsam leben, »sonst hätte ich die Walhalla und die Pinakothek nicht gebaut!«

Wo steht die Walhalla? Auf dem Bräuberg, 126 Meter über der Donau, neun Kilometer von Regensburg entfernt.

Wen finden Sie in diesem Nationaldenkmal? 123 Büsten (immer wieder aktualisiert, bis 1995) aus edlem Carrara-Marmor. Über ihnen, an der Wand: 64 Gedenktafeln. Heinrich Heine spottete damals: »Marmorne Schädelstätte!«

Zu Ludwigs Zeiten wurden hier 101 große Geister verewigt, ausgesucht vom König höchstpersönlich. Und er wählte wie ein Europäer, nicht wie ein teutonischer Nationalist. Auf seiner Liste standen Schweizer, Tschechen, Elsässer, Holländer (»deren Sprache vom Plattdeutsch fast nicht zu unterscheiden ist«). Er, der Katholik, der so manchen Ärger mit den Protestanten hatte, bestand sogar auf Martin Luther.

Noch mehr wichtige Herren: Hermann der Cherusker, Alarich, Theodorich, Dürer, Holbein, Kepler, Mozart, Goethe, Schiller, Richard Wagner, Philipp der Kurze, Otto der Erlauchte, Heribert der Heilige, Leopold der Glorreiche… Wer aber war/ist zum Beispiel Paris Graf Londron? Hans von Hallwyl? Ein Deutschunterricht der ganz besonderen Art. Und eine geballte Männerwelt!

Gibt es Frauen? Sicher! Teutelinde, Königin der Langobarden. Zarin Katharina die Große. Ja, eine Russin, aber vor allem eine gebürtige Prinzessin aus dem Hause Anhalt-Zerbst. Und Österreichs Kaiserin Maria Theresia, die schließlich auch »teutscher Sprache« war. Drei Damen also (von den 34 Siegesgöttinnen an den Wänden einmal abgesehen – als Symbole für die damals real-existierenden 34 deutschen Staaten).

Neuzugänge. 1978: Komponist Carl Maria von Weber. 1983: Genetiker Gregor Mendel. 1990 (bis dato der letzte): Albert Einstein.

Wer bestimmt, wer aufgenommen wird? Der bayerische Ministerrat. Der bayerische Kultusminister bittet die Akademie der Wissenschaften alle fünf bis sechs Jahre um einen Vorschlag, wobei der Kandidat seit mindestens zwanzig Jahren tot sein sollte. Auf der Warteliste: Konrad Adenauer, Karl May, Albert Schweitzer, Edith Stein, Friedrich Nietzsche, Tilman Riemenschneider, Götz von Berlichingen, Robert Schumann. Karl Marx fehlt. (*Loreley*-Dichter Heinrich Heine auch. Das hat er nun davon! Wär' er doch damals nicht so frech gewesen!)

Und Ludwig selbst? Ist auch da, als Standbild. Glücklicherweise schon seit der Eröffnung. Später hätte man ihn wohl kaum zu all den Ruhmreichen gesellt. Schließlich mußter er 1848 abdanken. Nicht unbedingt wegen seiner Affäre mit der berüchtigten, treulosen Tänzerin Lola Montez (was zählt schon der elegante Seitensprung eines Monarchen!) sondern, weil er sich standhaft geweigert hatte, auf dieses Frauenzimmer zu verzichten.

Und doch konnte er als »Frührentner«, von lästigen Staatsgeschäften erlöst, mit all seiner Kraft und Phantasie an der Verwirklichung jener ehrgeizigen Vision arbeiten, die ihn schon als jungen Bayernprinzen beflügelt hatte – aus Bayern ein Kulturland von allererstem Rang zu machen. Kein anderer Fürst des 19. Jahrhunderts hat eine nur annähernd vergleichbare Leistung aufzuweisen.

Besichtigungstip:

• Überwinden Sie sich, vergessen Sie den bequemen Waldweg, der vom Parkplatz hinaufführt; nähern Sie sich der Ruhmeshalle auf den Stufen. 358 sind es, die Sie zu diesem patriotischen Pantheon führen. Oben angelangt, wird' s einem selbst etwas patriotisch zumute.

Das schönste Foto für das Familienalbum entsteht von unten, von der Anlegestelle aus.

Mehr Infos: 09403/1860.

Die Wartburg

Wo Luther ein Tintenfaß an die Wand schleuderte

Im späten Mittelalter ist Deutschland von tiefschwarzen, undurchdringlichen Wäldern bedeckt. Es gibt kaum Straßen. Ein wildes, oft auch unheimliches Land. Die Häuser sind klein und unscheinbar. Umso mächtiger erheben sich die Burgen über das Land. Eine von ihnen ist die berühmte Wartburg bei Eisenach im Thüringer Wald.

4. Mai 1521. Eine dunkle, gefährliche Nacht. Auf einem schmalen Felspfad kämpfen sich Reiter durchs Dickicht. Kurz vor Mitternacht hämmern sie ans Tor. Sie bringen Martin Luther (1483–1546). Verschnürt wie eine Mumie. Über den Kopf einen Sack gestülpt. Festgebunden aufs Pferd. Er ist hungrig und verstört, obwohl er sehr wohl weiß: Dieses Kidnapping ist eigens vom Kurfürsten für ihn arrangiert – um sein Leben zu retten.

Er ist vogelfrei. Kein Mensch darf ihn »übernachten lassen, verarzten, ihm helfen, zu trinken geben.« Weil er es wagte, die übermächtige katholische Kirche als korrupt zu bezeichnen. Der Papst hat ihn verbannt, Kaiser Karl V. in Worms über ihn die Reichsacht verhängt. Wer ihn umbringt, wird belohnt. Auf Erden wie im Himmel. Aber der sächsische Kurfürst glaubt an die Reformation, will Luther lebend. Er bietet ihm seine Wartburg als Schutz an.

Das Burgtor geht auf, Luther wird in das »Kavaliersgefängnis« gebracht, der Magd als »Junker Jörg« vorgestellt. Eine luftige Stube. Steinboden, holzgetäfelte Wände, verwitterter Schreibtisch. Er notiert: »So bin ich nun hier. Meine Kutte hat man mir abgenommen. Ich lasse Bart und Haare wachsen.«

Hier ist er sicher. Aber einsam. Sein Körper reagiert mit Gicht, Depressionen, Hämorrhoiden und mit einer heftigen Fleischeslust, die ihn mehr als »normale« Männer quält. War er doch, ist er doch noch immer ein Mönch!

Er sieht den Teufel. Täglich, vor allem nachts. Der zeigt sich ihm in den verführerischsten Gestalten. Mal als pralles Weib, das seine Schenkel spreizt, mal als eine Jungfrau im Beichtstuhl. Er wehrt sich. Einmal wirft er nach ihm ein Tintenfaß: das allererste anonyme Graffiti auf der Wand (ist längst von Touristen weggekratzt).

300 Tage Einsamkeit. Luther »frißt wie ein Böhme, säuft wie ein Deutscher« und wird immer dicker. Er schreibt den Choral *Ein feste Burg ist unser Gott* und übersetzt (1522) das Neue Testament in ein volksnahes, sinnliches Deutsch (es war das kursächsische Kanzleideutsch).

Goethe: »Die Deutschen sind ein Volk erst durch Luther geworden.« Seine Sprache wird zum Einheitsdeutsch. Sie ist hier entstanden: auf der Wartburg.

Was man so in der Welt für deutsch hält, verbindet man mit der Wartburg. Minnesänger, Luther, Goethe, Turnvater Jahn, Burschenschaften, Moritz von Schwind, Richard Wagner.

Wo steht sie? In Thüringen. Auf einem Felsplateau (394 Meter) über Eisenach. Malerisch, majestätisch, weithin sichtbar.

Seit wann? Seit 1067. Die Blütezeit der Thüringer Landgrafen. Wie die überaus glaubwürdige Sage berichtet, verfolgte Ludwig der Springer bei einer Jagd das Wild bis auf eine felsige Anhöhe. »*Wart!*« rief er, doch das Tier entwischte. Dafür beglückte ihn die Aussicht umso mehr: »Berg, du sollst mir eine *Burg* tragen!«

Gesagt, geschehen. Der Berg gehörte ihm nicht. Also ließ er seine Untertanen ein paar Körbe seiner Erde auf die Steine verstreuen – und schon klärten sich die Eigentumsverhältnisse.

Erste Urkundeneintragung: 1080. Erstmals gemalt: um 1630 von Michael Spindler. Zustand heute: Eine Postkartenschönheit (mehrfach renoviert, also ein Stilbaukasten aus Türmen, Ställen, Höfen, Sälen mit Monumentalfresken usw.). Eine Miniaturstadt mit Cafes, Fachwerkfassaden, einer Zisterne (neun Meter tief), einst das einzige Wasserreservoir.

Was hier sonst noch geschah? Anno 1207 wurde hier »Der Sängerkrieg« ausgetragen: Sechs Ritter dichteten im Wettkampf um die Gunst (d. h. einen Posten am Hof als Poet) des Landgrafen, darunter Stars wie Walther von der Vogelweide und Wolfram von Eschenbach (sein Epos *Parzival* besteht aus 25000 Versen).

Die hl. Elisabeth (1207–1231) bezeugte hier ihre Kraft durch Wunder: ursprünglich eine Königstochter aus Ungarn, mit 14 Jahren die Gattin des Landgrafen Ludwig von Thüringen, mit 20 Witwe und Mutter von vier Kindern. Ihre Schwäche/Stärke: verschwenderische, exzentrische Wohltätigkeit. Sie schmuggelte Fleisch, Butter und Eier aus der Burg für die Armen, bot einem jungen Aussätzigen ihr Ehebett als Krankenlager an. Sie soll auch neun Tote zum Leben erweckt haben und wurde kaum vier Jahre nach ihrem Tod heiliggesprochen. Namenstag: 19. November.

Am 9. September 1777 reist der Geheime Legationsrat Johann Wolfgang von Goethe an, um die baufällige Halbruine im Auftrag des Herzogs Karl August zu begutachten. Er vermerkt: Alles hier ist »wüste und trumpfig und riechent… ein nüchterner, öder Kasten«. Und dennoch ist er hingerissen – von der Lage der Burg, der Aussicht. Er zeichnet sie, steckt mit seiner Begeisterung seinen Herzog an. Goethe rettet die Wartburg.

18. August 1817: Die erste bürgerlich-demokratische Versammlung in Deutschland findet statt. Der Anlaß? Man feiert das 300. Jubiläum der Reformation. Es kommen 500 Studenten (alles Kriegsfreiwillige aus den Befreiungskämpfen gegen Napoleon). Burschenschaften. Sie singen Luthers »Ein feste Burg …«, verbrennen »Schandschriften, hessischen Zopf, preußischen Schnürleib«.

Ihr Ziel? *Ein Deutschland*. Das Ende der rund hundert Herzog- und Fürstentümer. Ein Land, das Luthers Deutsch spricht.

Einer kritzelt an die Wand: »Doch wo ist Deutschland?« Schwere Frage, heute noch.

Wer sonst noch da war? Richard Wagner suchte hier (was für eine Naivität!) die Spuren der Minnesänger und verläßt, bitter enttäuscht, die Burg. Ludwig II. von Bayern verbrachte hier zwei inspirationsreiche Nächte und kopierte anschließend den Wartburgfestsaal in seinem Schloß Neuschwanstein. Moritz von Schwind schmückte die Säle mit seinen bunten Fresken. Franz Liszt dirigierte hier sein Oratorium, das er der hl. Elisabeth gewidmet hat.

Was ist noch so, wie es einmal war? Elisabeths »Kaminstube«. Und der Speisesaal mit einer flachen Holzdecke. Gefugt aus Eichenstämmen, um 1168 im Spessart geschlagen. Die Lutherstube und der Tisch, der ihm gehörte. Flaggen der Studenten im Festsaal.

Besichtigungstip:

• Sollten Sie im Luther-Zimmer die Lust verspüren, seinen Choral *Ein feste Burg ist unser Gott* anzustimmen, hier der Text:

Ein feste Burg ist unser Gott,
ein gute Wehr und Waffen,
der alte böse Feind
mit Ernst er's jetzt meint,
groß Macht und viel List
sein grausam Rüstung ist,
auf Erd ist nicht seinsgleichen.

Das schönste Foto – das die gesamte Burganlage zeigt – müßte man aus der Luft aufnehmen. Geht nicht. Also fotografieren Sie doch einfach viele Details. An die erinnert man sich eh besser als an Totalansichten.

Mehr Infos: 03691/203001.

Goethes Gartenhaus in Weimar

Hier liebte Goethe Rosen und eine Frau

Kaum ein anderer wurde schon zu Lebzeiten so verehrt und geliebt wie er – Johann Wolfgang von Goethe (1749–1832). Ein Titan des deutschen Idealismus, der deutschen Klassik. Und alle reisten sie nach Weimar, um vor Ort zu sehen, wo und wie er lebte: vom Märchenerfinder Hans Christian Andersen über den Schriftsteller Franz Kafka bis hin zum »rasenden Reporter« Egon Erwin Kisch.

Berühmt, erfolgreich ist er gewesen. Nur – war er auch glücklich? Als Mensch, als Mann?

Falls er's je gewesen ist – und wer kann das schon so genau wissen – dann hier, in diesem Gartenhäuschen am Stadtrand von Weimar: weißgetüncht, anspruchslos, einfach. Hier hat er *Wilhelm Meister, Egmont, Tasso* geschrieben, seinen 30. Geburtstag (»frey und froh«) gefeiert.

Doch vor allem hat er hier gegärtnert. Er ließ gute Erde anfahren, Rasen säen, Blumen- und Gemüsebeete richten, Bäume und Büsche pflanzen – darunter Rosen, Rosen, Rosen. Sie wucherten gleich an drei Seiten des Gartenhauses hoch. Spalierlatten gaben ihnen Halt. Auf diese Blumenpracht war der Dichter ganz besonders stolz: »Meine Rosen blühen bis unters Dach!«

schrieb er. Sie müssen herrlich gewesen sein, seine Rosen.

»Übermütig sieht's nicht aus,/ Hohes Dach und niedres Haus;/ Allen die daselbst verkehrt,/ Ward ein guter Mut beschert./ Schlanker Bäumer grüner Flor,/ Selbstgepflanzter wuchs empor./ Geistig ging zugleich alldort/ Schaffen, Hegen, Wachsen fort« – so hat Goethe selbst sein Häuschen beschrieben. Wer würde es wagen, diesen Ort mit eigenen Worten zu schildern?

Seit wann lebte der hier? Nach Weimar kam er (mit 26 Jahren) am 7. Januar 1775 (aus Frankfurt/Main), auf Einladung des jungen Herzogs Carl August. Das Herzogtum (rund 100 000 Einwohner) war eines jener 300 Kleinstaaten des damaligen Heiligen Römischen Reiches Deutscher Nation.

Bereits am 11. Juni 1776 wird Goethe zum Geheimen Legationsrat mit Sitz und Stimme im Geheimen Konsilium, der obersten Landesbehörde, ernannt (bis 1786 erörtert man hier über 20 000 Probleme). Daneben gibt's ständige Sitzungen diverser Kommissionen. Im Februar 1777 wird er in die »Ilmenauer Bergwerkkommission« berufen. Außerdem ist er Chef der Kriegskommission (und halbiert die Infanterie, um Kosten zu sparen). Als Direktor der Straßenbaukommission läßt er die Straßen nach Erfurt und Jena fertig bauen. Viel Arbeit, viel Verantwortung. Manchmal jammert er über »das durchaus Scheissige« dieser Bürden und Würden.

Sein Gartenhäuschen hat der Herzog (halb verfallen und verwildert) für 600 Taler gekauft, dem Freund geschenkt. Eingezogen ist Goethe am 21. April 1776. Er läßt renovieren, hat Ärger mit den Handwerkern: »Nun komme ich aber drauf, dass mir die Handwercksleute einen schweer zu verbessernden Fehler an meinem neuen Bau gemacht haben!«

Über seinen Garten dagegen berichtet er schon Anfang Mai: »Hab ein liebes Gärtchen am Tor vor der Ilm… Alles blüht, alle Vögel singen… da zeichne ich Rasenbäncke, die ich will anlegen lassen, damit Ruhe über meine Seele komme.« Und am 19. Mai 1776: »Zum erstenmal im Garten geschlafen… Die Ruhe hier aussen ist unendlich.«

Am 6. November: »Abends, 6 Uhr. Ich sizze noch in meinem Garten… pflanze und mache allerley Zeugs, das künftige Jahr soll schön aussehen.« Am 21. März »künftigen Jahres« erhält Charlotte von Stein die ersten Schneeglöckchen, am 14. April die ersten Veilchen. Mitte Juni klagt er: »Meine Rosen blühen nicht auf, meine Erdbeeren werden nicht reif!«

Im ersten Jahr gibt's Obst, Gemüse, Blumen. Und nun? Er sät Apfelkerne. Und: »Bäume pflanz ich jetzt wie die Kinder Israels Steine legten zum Zeugniß.« (5. August 1778)

Er badet in der Ilm, ißt selbstgekochten Spargel, kümmert sich um Gras, Mist, Thymian, Heu, Kartoffeln. Sechs Jahre ist dieses Häuschen sein Wohnsitz. Bis Juni 1782. Dann zieht er um in das große Bürgerhaus am Frauenplan – aber das Gartenhäuschen wird auch in den nächsten fünfzig Jahren sein Zufluchtsort bleiben.

Drei Jahre vor seinem Tod: »Je älter ich werde, je mehr vertrau ich auf das Gesetz wonach die Rose und die Lilie blüht.« Er meint das Gesetz der Natur.

Vermacht hat er sein Kleinod den drei Enkeln. Die empfanden es aber »als große Last«. Und so vererbte es sein Enkel Walther 1885 dem Herzog – als Spielplatz für seine fürstlichen Kinder. Seit 1921 ist das Anwesen in Staatsbesitz.

Was hier sonst noch passierte? In Weimar trifft Goethe die beiden wichtigsten Frauen seines Lebens: Charlotte von Stein (sieben Jahre älter) und Christiane Vulpius (16 Jahre jünger).

Die Stein ist eine geistreiche, fromme Hofdame. Verheiratet – also unantastbar (für einen Vollblutmann wie Goethe ein Wahnsinnsfrust): »Liebe mich!« fleht er seine Seelenfreundin immer wieder an.

Christiane ist unkompliziert, selbstlos, sinnlich. Sie hat ihn am 12. Juli 1788 im Park abgefangen, um ihm einen Bittbrief ihres Bruders zu überreichen. Ein munteres schwarzgelocktes Pummelchen, das in der Nähstube einer Fabrik für einen Hungerlohn schuftet, Stoffblumen herstellt. In seinem Gartenhaus hat er dieses »Naturwesen« erstmals geliebt. Sie bleibt 28 Jahre seine Lebensgefährtin: Ihr erster Sohn Augustus ist auch ihr einziges Kind, das am Leben bleibt. Das zweite Kind wird tot geboren, das nächste lebt 13 Tage. Sie wird noch zweimal schwanger: ihr viertes Kind lebt 18 Tage, ihr letztes 3 Tage. Und doch: Christiane gibt Goethe, was er braucht: Heiterkeit, Häuslichkeit und vor allem die Freiheit (einmal fremdzugehen).

Sie nennt ihn den »Allersuperbesten«. Er nennt sie »liebe Klein«, »Hausschatz«, »Küchenschatz« und hat nie versucht, sie zu bilden (warum auch?). Sohn Augustus legitimiert er 1801, Christiane heiratet er 1806. In aller Stille, in der Sakristei der Hofkirche. Damit würdigt Goethe ihre Liebe und Treue und gibt ihr jenen gesellschaftlichen Platz, der ihr als »Frau Geheime Räthin« gebührt. Viel zu spät.

Übrigens: Um den Garten, der zur Stadtwohnung gehört, kümmert sich vorwiegend Christiane. Sie sorgt dafür, daß er das ganze Jahr über blüht, baut Gemüse an. Am 30. Mai 1798 schreibt sie an Goethe: »Mit Deiner Arbeit ist es schön: was Du einmal gemacht hast, bleibt ewig; aber mit uns armen Schindludern ist es ganz anders ... in einer Nacht haben mir die Schnecken beinah alles aufgefressen, meine schönen Gurken sind weg.« Goethe läßt es sich aber nicht nehmen, den Anbau von Wein persönlich zu überwachen. Er tauscht mit seinen Briefpartnern in ganz Europa Blumensamen.

Was ist noch im Originalzustand? Der offene Kaminherd und der Spülstein (von dem das Wasser unmittelbar durch die Hauswand ins Freie floß) in der Küche, wo Köchin Dorothe und Diener Philipp gewerkelt haben. Im Eßzimmer die beiden Schränke für seine Mineralien, der Eßtisch, die Sitzbank. In der Bibliothek seine Kreidezeichnungen, die den Schwanensee in winterlicher Mondnacht zeigen (er hat in Weimar das Schlittschuhlaufen »salonfähig« gemacht).

Im Schlafzimmer sein zusammenklappbares (Reise-)Bett. Im Park sein »Stein des guten Glücks« (der wie eine Avantgarde-Plastik aussieht).

An der Wand in der Küche hängt eine Korbtasche aus Binsengeflecht. Sein Korb. »Ich habe ihn ... aus Marienbad mitgebracht, wo man solche Körbe in allen Größen hat, und ich bin so an ihn gewöhnt, daß ich nicht reisen kann, ohne ihn bei mir zu führen... wenn er leer ist, legt er sich zusammen und nimmt wenig Raum ein; gefüllt, dehnt er sich nach allen Seiten aus und faßt mehr, als man denken sollte. Er ist weich und biegsam und dabei so zähe und stark, daß man die schwersten Sachen darin fortbringen kann ...«

Auch sein Stehpult und der »Sitzbock« im Arbeitszimmer sind »Goethe-Originale«: Er schrieb gerne im Stehen.

Und sein Garten? Nur noch »ordentliche« Blumenbeete.

Besichtigungstips:

• Außer den üblichen Highlights (an denen Sie eh nicht vorbeikommen) – die Fürstengruft (mit massiven Eichensärgen der beiden Dichterfürsten Goethe und Schiller).
• Den Kaffee sollten Sie im legendären Gasthaus »Zum Weißen Schwan«, das Mittagessen im legendären Hotel »Elephant« zu sich nehmen.

Das schönste Foto fürs Familienalbum können Sie aus den verschiedensten Ecken rund ums Haus aufnehmen – romantisch werden sie alle!

Mehr Infos: 03643/2173.

Die Residenz Würzburg

Wie findet man sich in einem Saal mit
550 Spiegeln?

Es ist kurz vor Mitternacht. Kilian kniet auf dem Steinboden vor dem Altar, betet, hört, wie eine Truppe lär-
mender Männer die Tür der Kapelle aufbricht, weiß
sofort, was es zu bedeuten hat, betet – wehrlos – weiter,
dreht sich nicht einmal um. Minuten später ist er tot.
Erdolcht. Auch seine beiden Gefährten Kolanat und
Totnan werden von den Meuchelmördern enthauptet –
anno 689 in Würzburg. Drei Missionare, die aus Irland
kamen, um im Frankenland die Botschaft Christi zu ver-
künden, das Land zu christianisieren.

Nun – sie starben zumindest nicht vergebens, die
Märtyrer: Die Stadt zu beiden Seiten des Mains wird zur
Bastion des katholischen Glaubens.

Die erste Kirche wird bereits 706 auf dem Marienberg geweiht, 742 in Würzburg ein Bistum gegründet.
788 beginnt man mit dem Bau des Doms – und selbst
Kaiser Karl der Große (742–814) unterstützt dieses Vor-
haben. Friedrich Barbarossa hat hier 1165 Beatrix von
Burgund geheiratet. Im Kreuzgang des Neumünsters,
genannt »Lusamgärtlein«, ist der Minnesänger Walther
von der Vogelweide begraben (um 1170–1230) – der
Mann, der als Christ die Wonnen und Vorteile der pla-
tonischen Liebe (statt lustvoll-sündiger) erkannte und

besang. Die ganze Stadt wimmelte von Heiligen-, Apostel- und Engel-Plastiken. 39 Kirchtürmer ragen gen Himmel.

Doch die mächtigsten »Ritter des wahren Glaubens«, die fand man einst in der »Residenz«. Im Schloß der Schlösser, einem Prunkstück des europäischen Barock, Sitz der Würzburger Fürstbischöfe. Ein Kolossalbau aus orange-gelben Sandsteinblöcken: 21 Meter hoch, 167 Meter lang. Fünf Säle, 317 Zimmer, eine Kirche, vier Innenhöfe, herrliche Parkanlage. Und in den Kellergewölben konnten die Fürstbischöfe rund 1,4 Millionen Liter Wein lagern.

Entworfen hat die Residenz der Baumeister Balthasar Neumann (1687 – 1753). Er kommt in die Bischofsstadt als fahrender Geselle aus Eger in Böhmen, findet Arbeit in einer Gießerei für Glocken und Kanonen. Da der Lohn aber nicht einmal fürs Nötigste reicht, tritt er mit 27 Jahren in die Armee ein. In seiner Freizeit beschäftigt er sich mit Geometrie und Architektur. Das fällt aus der Reihe, der junge Balthasar fällt auf. Er wird dem baulustigen Fürstbischof Johann Philipp Franz von Schönborn vorgestellt. Der merkt sofort, daß der junge Böhme viele Ideen, aber keine Erfahrung hat. Kurzentschlossen schickt er Balthasar nach Paris an den Hof König Ludwigs XIV. Der König mag ihn, lädt ihn nach Versailles ein. Rund drei Monate später hat der künftige Architekt der Würzburger Residenz begriffen – die Schönheit (aus Stein) muß die Schwerkraft überwinden.

Inzwischen fallen dem Fürstbischof 600 000 Gulden aus einem Unterschlagungsprozeß in den Schoß. Außerdem genügt sein bisheriger Sitz, die Feste Marienberg, schon lange nicht mehr seinen repräsentativen

Ansprüchen. Er beschließt – ganz im Sinne seiner Zeit – einen feinen Stadtpalast erbauen zu lassen (Barock war nun einmal ein Zeitalter der Lebensfreude), der Fürstbischof will mit seinem neuen Sitz ein Zeugnis für diesen »Himmel auf Erden« erschaffen. Und der Architekt? Na, wer schon! Balthasar Neumann.

Bei der Grundsteinlegung 1720 ist er gerade 33 Jahre alt. Der Fürstbischof läßt ihm freie Hand. Und ignoriert die Baurechnungen. Als er 1724 stirbt, ist er pleite. Man muß sogar die goldenen Knöpfe an seinen bischöflichen Gewändern verkaufen, um alle Schulden bezahlen zu können. Sein Nachfolger findet (welch ein Wunder!) keine Freude an diesem Prunkschloß. »Glücklicherweise« stirbt er bald, und es kann weitergebaut werden. 1744 steht der Rohbau – und Neumanns berühmtes Treppenhaus.

Es ist einmalig. 18 Meter breit, 32 Meter tief. Die flachen Sandsteinstufen schwingen sich zur Decke – ohne jegliche sichtbaren Stützen. Als würde das Treppenhaus im Raum schweben. Als gäbe es keine Schwerkraft. Nur Schönheit.

Ein Bau, der Neumann zum »Star« macht. Er wird mit Aufträgen und Angeboten überhäuft. Ende Juli 1741 verfaßt er ein Gesuch um die Ernennung zum Oberst der fränkischen Kreisartillerie: ein Posten, der regelmäßiges, wenn auch bescheidenes Einkommen sichert – als Finanzgrundlage, die ihm vermutlich mehr Freiheit in der Wahl der Auftragsarbeiten lassen soll. In diesem Antrag erwähnt er seine jüngste Arbeit – das Schloß Augustusburg bei Brühl. Er erhält den Posten.

Wo steht die Residenz? In der Kreisstadt, die zugleich Sitz des Regierungsbezirks Unterfranken ist. Zu erreichen über die Autobahn Frankfurt-Nürnberg. Schon vor rund 800 Jahren bezeichnete der Dichter Gottfried von Viterbo Würzburg als eine »Rose im grünen Laub«, da sie von steilen Weinbergen umsäumt ist.

Seit wann? 1719 wurde Johann Philipp Franz von Schönborn zum Fürstbischof geweiht, 1720 wurde der Grundstein zu seiner Residenz gelegt.

Was ist ein Fürstbischof? Ein Reichsfürst im Bischofsrang. In Franken waren die Herzöge zugleich Bischöfe von Würzburg (sprich: Fürstbischöfe). Eine Einrichtung, die es im Deutschen Reich seit dem 13. Jahrhundert bis 1806 gegeben hat, die Einheit von Thron und Altar verdeutlichte.

Was hier sonst noch passierte? Im Dezember 1750 kamen drei Italiener nach Würzburg: der Maler Giovanni Battista Tiepolo (1696–1770), ein führender Vertreter des venezianischen Spätbarocks, und seine beiden Söhne. Sie kamen, um die Decke des Kaisersaals mit Gemälden auszuschmücken. 1752 war die Arbeit beendet.

Das Ergebnis? Das größte, prachtvollste Deckenfresko der Welt. 677 Quadratmeter, für die die Künstler nicht einmal 15 Monate brauchten. Verspielt, farbenprächtig und leicht frivol. Die Künstler verewigten hier die vier damals bekannten Erdteile: In Asia findet eine Jagd auf Elefanten statt, Afrika wird durch einen Kamelreiter und einen Affen dargestellt, Amerika von einer halbnackten Schönen mit üppigem Federschmuck verkörpert, die rittlings auf einem riesigen Alligator sitzt und der ein Page eine Tasse Schokolade serviert. Und Europa? Diesem Kontinent liegt der gesamte Globus zu Füßen. Australien hatte man damals noch nicht entdeckt.

Als Napoleon die Residenz erstmals erblickte,

beschrieb er sie als den »schönsten Pfarrhof Europas«. Aus seiner Sicht – im Vergleich zu den französischen Schlössern – mag sie etwas klein auf ihn gewirkt haben. Egal. Hauptsache, er hat sie verschont.

Aus dem linken Flügel wurde nach der Bombennacht vom 16. März 1945 eine Brandruine. Im Juni, drei Monate später, warb ein Leutnant von der Kunstschutzabteilung der US-Armee zehn Freiwillige an. Zusammen mit ihnen suchte er nach Brettern (fischte sogar Baumstämme aus dem Main, zersägte sie), fand Teerpappe, Schiefer und Zement, baute ein provisorisches (aber wasserdichtes) Dach über das Treppenhausgewölbe. Damit rettete er die Deckenfresken, die bis 1972 vollständig renoviert werden konnten.

Auch der prächtigste Raum der Residenz wurde rekonstruiert – das Spiegelkabinett mit seinen 550 Spiegeln. Es ist so schön wie das alte, sagen die Würzburger, nur funkelt es mehr.

Übrigens: Die Würzburger Residenz wurde von der UNESCO zum Weltkulturerbe erklärt.

Besichtigungstips:

• In Balthasar Neumanns »Meisterstück«, der Hofkirche, mindestens fünf Minuten das Gewölbe, die Stuckarbeiten anschauen und stets daran denken, daß er sie in nur zwei Jahren erbaute (1732-34).

• Im Hofgarten spazierengehen. Er wurde zwar bereits 1732 entworfen, aber Neumann-Schüler Johann Fischer begann erst 1756 mit der Endgestaltung des südlichen Gartens.

• Im Kellergewölbe das »Beamtenfaß«, das Fürstbischof Franz Ludwig von Erthal (1779-95) zimmern ließ, um den Vorwurf vorzubeugen, der »Deputatwein« (von dem man ja so viel brauchte), schmecke mal gut, mal gar nicht.

• Ein Muß: die Denkmäler der Bischöfe Scherenberg und Bibra im Dom sowie der Grabstein des Ritters Schaumberg in der Marienkapelle. Weil sie ein Würzburger schuf, der zu den weltweit berühmtesten Bilderschnitzern gehört: Tilman Riemenschneider (1460-1531). Ein Genie, das als »Malknecht« angefangen hat. Das Mainfränkische Museum beherbergt eine einmalige Sammlung seiner Werke.

• Natürlich sollten Sie den Frankenwein probieren: In der Theaterstraße, der Gressegasse oder in der Juliuspromenade finden Sie bestimmt eine Weinstube Ihres Geschmacks.

Übrigens: An den hiesigen Weinen hatte schon Geheimrat Goethe seine Freude. Hier seine Bestellung vom 11. Februar 1801: »… zugleich wünsche ich ein paar Flaschen Würzburger, wie ich solchen bei Herrn Hofrat Leder getrunken…« Als Souvenir bestens geeignet: »Bocksbeutel« – die Flachkugelflasche, die erstmals 1728 »urkundlich« erwähnt und »zur Steuerung allenfalsiger Handelsmißbräuche« eingeführt wurde.

Das schönste Foto fürs Familienalbum gelingt im Garten.

Mehr Infos: Fremdenverkehrsamt 09 31/3 73 35.

Bildnachweis

Archiv für Kunst und Geschichte, Berlin: S. 12, 30, 38, 46, 54, 92, 120, 126, 138, 162, 182, 196, 204, 211

BILD-Zeitung Hamburg: S. 18, 24, 60, 74, 80, 104, 132, 148, 156, 170, 176, 190, 222, 228, 234, 242

dpa, Frankfurt: S. 86

IFA Bilderteam, Düsseldorf: S. 66, 216

Presse Seeger: S. 112

Band 64137

Louis Baldwin
Große Lieben

Liebe – ein Wort, das uns tagtäglich begegnet, umfaßt eine Vielzahl von Bedeutungen: selbstlose Hingabe, tiefe Freundschaft, leidenschaftliches Verlangen, Bewunderung. Aber auch emotionale Abhängigkeit, Besessenheit und kühle Berechnung sind die Facetten eines Begriffs, der dem Wandel der Zeiten vielleicht stärker unterliegt als alle anderen.
Liebe hat nicht selten die Geschicke der Welt beeinflußt: Kleopatra und Marc Anton waren einander verfallen und führten so ihre Kulturkreise zusammen, die Einflußnahme der Maitresse Ludwigs XV., Madame du Barry, auf die Politik des absolutistischen Frankreich ist ebenso legendär wie die sprichwörtlichen Potemkinschen Dörfer des Feldmarschalls für seine königliche Geliebte, Katharina die Große. George Sand und Frédéric Chopin, Oscar Wilde und Lord Alfred Douglas, Lauren Bacall und Humphrey Bogart, Ingrid Bergmann und Roberto Rosselini – sie und noch viele andere Berühmtheiten werden in diesem Buch von der Warte der Liebe aus betrachtet.

Gabriele Hoffmann

FRAUEN MACHEN GESCHICHTE

Von Kaiserin Theophanu bis Rosa Luxemburg

Band 64136

Gabriele Hoffmann

**Frauen
machen Geschichte**

Gegen die selbstgerechte Aussage, nur »Männer machen Geschichte«, laufen Frauen bis heute Sturm, denn zu allen Zeiten gab es Frauen mit Freude an der Macht und dem Willen zu politischem Einfluß. Der männliche Versuch, Frauen aus Geschichte und Politik zu verbannen, entbehrt jeder Grundlage.

Anhand der Lebensläufe von zehn »berühmten« Frauen zeigt Gabriele Hoffmann, welche Möglichkeiten, Macht auszuüben, es für Frauen in den vergangenen Jahrhunderten gegeben hat und wie sie ihre Chance genutzt haben. Ein Buch, das allen Frauen Mut macht, ihre eigene, bislang unterschlagene Geschichte zu entdecken und sie zu politischer Einflußnahme auffordert.

Mit zahlreichen Abbildungen

BASTEI
LÜBBE

Band 64139

Elli G. Kriesch

**Der Schatz von Troja
und seine Geschichte**

Der Schatz von Troja ist ein besonderes Kaptitel im Buch
der Geschichte. Die spektakuläre Entdeckung dieser einzigartigen Sammlung antiker Kleinodien durch Heinrich
Schliemann im Jahre 1873, ihr mysteriöses Verschwinden
aus Berlin 1945 und die Wiederentdeckung 1993 in
Moskau haben die Gemüter der Menschen bewegt. Heute
streiten Rußland und Deutschland darum, wer der
rechtmäßige Besitzer des Schatzes ist.
Die Archäologin und Historikerin Elli G. Kriesch beschreibt
die umstrittenen Grabungen Schliemanns, die Fundstücke
und das abenteuerliche Schicksal des Schatzes, der uns
Auskunft über die Zeit von 2600 bis 2300 v. Chr. gibt, einer
prähistorischen Epoche an der Grenze zwischen Klein-
asien und Europa.

                                    Mit zahlreichen Abbildungen

Band 64131

Walter Hansen
Die Spur des Sängers

Wer schrieb das Nibelungenlied? Dieses Buch schildert den kühnen Versuch, eines der größten Rätsel der Literaturgeschichte zu lösen.

Walter Hansen untersuchte den Text des Nibelungenlieds nach versteckten Hinweisen und reiste zu den sagenumwobenen Schauplätzen des mittelalterlichen Versepos. Er versetzt sich und den Leser in die Stauferzeit, einer Epoche des Umbruchs an der Wende vom 12. zum 13. Jahrhundert, in der die Wirklichkeit der Kreuzzüge in die höfische Kultur einbricht. Viele Indizien führen ihn auf die »Spur des Sängers«. Den Autor auf seiner Suche zu begleiten, ist ein spannendes, unterhaltsames Lesevergnügen.

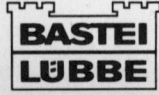

Band 65102

Nathan Schur

**Kurze Geschichte des
20. Jahrhunderts**

Zum Ende des 20. Jahrhunderts ist es Zeit für den Rück-
blick auf eine Epoche, die unsere Welt in weit größerem
Maß verändert hat als jemals ein Jahrhundert zuvor. Die
beiden Weltkriege waren die schlimmsten der gesamten
Menschheitsgeschichte, und durch die Erfindung der
Atombombe wurde es zum ersten Mal theoretisch möglich,
die gesamte Welt durch einen Knopfdruck zu vernichten.
Der Historiker Nathan Schur gibt in diesem Buch einen
komprimierten, spannend zu lesenden Abriß der wichtigsten Ereignisse unseres Jahrhunderts

Band 64125

Nathan Schur

Kurze Geschichte
der Menschheit
**Die wichtigsten Stationen
der Zivilisation**

Der Historiker Nathan Schur hat das Wagnis unternommen, die Geschichte der Menschheit auf das Wesentliche hin zu überprüfen. Damit ist ihm ein faszinierendes Experiment geglückt, das in der aktuellen Geschichtsliteratur seinesgleichen sucht.

Weltumspannend und vorurteilslos wird das Auf und Ab der Kulturen und Staaten verfolgt. Den Prüfstein bildet dabei immer die Frage: Wie folgenreich war ein Ereignis? Der immense Stoff ist übersichtlich gegliedert und wird schnörkellos und einleuchtend dargeboten. Der Weg der Menschheit durch die Jahrtausende kann von jedem mühelos nachvollzogen werden.

Mit zahlreichen Abbildungen